서임중 목회단상 2

...
인생은 지우개가 없습니다

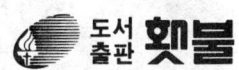

머리말

인생은 지우개가 없습니다

　인생은 지우개가 없습니다.
　노트에 필기를 하다가 지울 수 있는 지우개는 있습니다. 그러나 인생을 지울 수 있는 지우개는 없습니다. 잘 살면 잘 산대로 못 살면 못 산대로 그대로 기록되어지는 것이 인생입니다.
　목사의 생활은 물론이지만 그리스도인의 삶에서도 더욱 그것을 깨닫게 됩니다. 목사가 성도들과 더불어 살아가는 교회 생활에서 수많은 성도들은 자신의 감정과 자신의 생각으로 목사를 바라봅니다. 그래서 쉽게 이렇게도 정의하고 저렇게도 정의하여 목사의 모습은 천태만상으로 비쳐집니다. 어떤 이에게는 미가엘처럼 보여지고 어떤 이에게는 삯꾼처럼 보여지기도 합니다. 그러면서 성도들은 자신이 보는 대로, 자신이 생각하는 대로 목사를 정의합니다. 그래도 목사는 말을 하지 않습니다. 아니, 하지를 않습니다. 그리고 그것이 기쁨이든 아픔이든 그것을 표출하지 않습니다. 그러면서도 목사는 기쁨도 아픔도 속으로 관리할 뿐입니다.
　그것은 인생은 지우개가 없다는 사실을 믿는 마음으로 살아가기 때문입니다.
　그것은 삶의 절차탁마(切磋琢磨)입니다. 옥돌을 자르고(切), 갈고(磋), 쪼고(琢), 닦는(磨) 것입니다. 절차탁마가 바로 목사를 목사 되게 하는 것, 성도가 성도 되게 하는 것, 훌륭한 인격을 만드는 것입니다.
　그것이 인생의 지우개 없음을 깨닫는 삶의 훈련입니다.

너가 있기에 내가 있습니다.

그 너는 종종 나에게 아픔이 되기도 하고 기쁨이 되기도 합니다. 그러나 오늘 아프다고 내일도 아픈 너는 아닙니다. 오늘 좋다고 내일도 좋은 너는 아닙니다.

그러나 오늘도 내일도 기대고 싶은 좋은 너와의 관계는 나의 마음이 따뜻할 때 가능합니다. 그 따뜻함은 하나님의 사랑으로만 가능합니다. 내 가슴에 하나님의 사랑으로 충만할 때 내가 보는 너는 항상 기대고 싶은 너가 됩니다. 내 가슴은 차가운데 왜 너는 나를 아프게 하느냐고 외치는 것은 삶의 깊은 진리를 체득하지 못한 사람들의 항변일 뿐입니다.

목회를 하면서 보다 더 좋은 삶을 위하여 매 주일 주보에 게재하였던 목회 단상을 두 번째 책으로 펴냈습니다. 읽는 이들이 모두가 "인생은 지우개가 없음을 깨닫고, 너가 있기에 내가 있다"는 삶의 축복을 경험할 수 있기를 기도합니다.

지나온 날들의 허물을, 지울 수 없는 아픔을 사르면서 남은 날들을 보다 더 아름다운 삶으로 기록하기를 소망하면서 하나님 앞에 다시 무릎꿇고 기도합니다.

지우개 없는 인생을 더욱 아름답게 기록하리이다.

주후 1997. 12
감사함으로
서임중 목사

차 례
인생은 지우개가 없습니다

1

목사님 건강 하셔야 합니다·················12
어둠의 자식 - 가룟 유다··················15
목회자 아내의 아픔······················18
약간 모자라듯 살아갑시다·················21
기회와 기회주의자······················24
자기도취·····························27
춘계 특별 새벽 기도회···················30
고난의 철학···························33
고난 주일을 맞으면서!···················36
국회의원 선거(國會議員 選擧)·············39
'놈'에서 '님'으로!······················42
정신장애와 육체장애····················45
불량 자녀 만들기 위한 12가지 주책·········48
효도와 목회(孝道와 牧會)················51
목회자의 아내들!······················54
목사님 힘을 내셔요····················57

2

21세기의 리더가 되라 ················· 62
가정과 교육 ······················· 65
IQ 와 EQ ························· 68
월드컵 축구 ······················· 71
무엇이 사랑입니까? ················· 74
나만 있고 우리가 없다 ··············· 77
시간에 대한 의무 ··················· 80
무엇을 위해 살 것인가? ············· 82
진정한 칭찬 ······················· 85
산다는 것은 무엇인가? ·············· 88
부서지는 것은 절망이 아닙니다 ······· 91
올림픽 금메달과 D급 교인 ············ 94
주일 성수와 골프 ··················· 97
오늘의 대학은 어디로 가는가? ········ 100
행복의 재발견(幸福의 再發見) ········ 103
큰 일을 이루는 작은 일 ·············· 106
성전 건축과 헌금 ··················· 109
나는, 우리는 지금 어디에 있는가? ····· 112

3

교회를 위하여 나는 무엇을 하는가?··········116
제2회 장학 바자회 ················119
범사에 감사하라················122
장로의 선택 ··················125
광주 5.18 묘역 앞에서 ············128
어떻게 살아가십니까? ············131
미국 잠깐 다녀 왔습니다 ············134
기러기와 기독교 신앙 ············137
한 해를 접으면서 ···············140
성결 서약식 ··················143
파도소리를 들으며! ··············146
사랑의 씨앗 ··················148
미움과 살인 ··················151
찾는 자만이 얻는다 ···············154
변하는 것, 변하지 않는 것 ··········157
증삼살인(曾參 殺人) ············160
정치와 바둑 ··················163
무엇을 의지하는가? ·············166

드레퓌스와 졸라, 그리고 이영수 사장 ········169
마음을 지키라 ·······························172
아픔은 나눌수록 작아지는데 ···············175

목사님 건강 하셔야 합니다

 언제부터인가 제 건강 상태가 달라지고 있다는 생각을 하게 되었습니다. 금요 기도회 경우에 4시간 동안 말씀을 선포하고 찬양을 하면서도 평안히 잠을 잘 수 있었는데 이제는 2시간 말씀을 선포하고 나면 잠을 이룰 수 없는 경우가 많아지게 되었습니다.

젊은 목회자들이 과중한 목회 사역을 견뎌내지 못하고 쓰러지는 예가 한국 교회에 빈번하게 일어나는 데 반해, 하루 4시간 정도 잠을 자고 낮과 밤을 가릴 것 없이 목회라는 성역에 제 자신을 헌신했던 지난 16년의 기간 동안 하나님은 제게 건강의 은혜를 주셨으니 감사할 뿐입니다.

그런데 웬일인지 잠을 이룰 수 없는 날이 많아지기 시작했고, 어디서라도 눈만 감으면 1분도 안 되어 잠이 들었던 건강한 날들이 언제부터인가 제게서 멀어져 가고 잠 못 이루는 밤이 많아지고 있음에 씁쓸한 고소(苦笑)를 금치 못합니다.

벤자민 프랭클린의 말이 기억납니다.

"건강을 보존하는 것은 자기에 대한 의무인 동시에 사회에 대한 의무다."

참으로 의미 있는 말이라고 생각됩니다. 건강은 만인의 최대 관심사입니다. 건강은 인간의 기초 자본인 동시에 최고의 보배임이 틀림없습니다. 그리고 건강의 유지와 관리는 자기 자신에 대한 의무라는 것은 옳은 말입니다. 내가 병들면 내가 수행해야 할 역할과 사명을 다할 수 없기 때문에 건강을 잃는다는 것은 하나님으로부터 받은 사명을 저버리는 죄가 되기도 하는 것입니다.

어느 날 저는 한 통의 짧은 편지를 받았습니다. 이름도 밝히지 않은 그 편지의 한 구절을 여기에 옮겨 싣습니다.

"목사님을 사랑합니다. 제게도 아내가 있고 두 아이가 있습니다. 그런데 제가 건강을 잃은 지 오래되었고 그래서 아내와 아이들은 항상 핏기 없는 마음과 얼굴로 살아왔는데 목사님을 만나고 우리 식구들은 목사님이 말씀하신 대로 얼굴이 '뽈뜨그레?' 하게 되었습니다…. 언제부터인가 목사님의 건강에 대해 기도가 나오기 시작했습니다. 아무것도 도움을 드릴 수 없는 제 형편에서 할 수 있는 일은 기도뿐이라고 생각했기 때문입니다. 목사님 건강하셔야 합니다."

그 편지를 손에 잡고 저도 모르게 눈시울이 젖었습니다. 이름이라도 밝혀 주었다면 당장 가서 마주앉아 서로의 따뜻한 마음을 나누고 싶은 심정이었습니다. 이름도 밝히지 않고 보낸 편지를 조용히 가슴에 안으니 그 따뜻한 마음에 제 마음도 젖어 들었습니다.

칼 힐티가 말하기를 "사람이 따뜻한 마음을 잃는다면 무엇보다도 자기 자신의 일생이 외롭고 비참해진다" 했는데 그분의 건강 상태가 어떤지는 모르지만 그분과 그 가족들이 요즈음 마음이 따뜻하기에 행복감에 젖어 있을 것이라 생각하고 저도 제 마음에 따뜻한 사랑을 담아 그분의 가정을 위해 기도했습니다.

기도원 부흥회를 인도할 때 몇 백리 길도 멀다 않고 건강 걱정하여 좋은 음식을 만들어 올라 오셨던 어떤 집사님의 따뜻한 마음! 설교 목소리만 약간 달라도 적절하게 대처해 주시는 집사님의 따뜻한 마음! 잠을 이루지 못하여 얼굴이 약간만 푸석해도 안쓰럽게 바라보시면서 눈물지으시는 권사님! 작은 것 하나 소중한 마음 담아 저를 아껴 주고 사랑해 주는 따뜻한 손길들이 더욱 생각납니다.

책과 씨름하고 목회 사역에 동분서주했던 날들 가운데 중단되었던 건강을 위한 적당한 운동을 시작하면서 성도들에게 걱정을 끼치지 않는 길은 "마음의 즐거움은 양약이라도 심령의 근심은 뼈로 마르게 하느니라"(잠 17:22)는 말씀을 따라 날마다 즐거움으로 목회를 하는 것임을 더욱 자각합니다.

어둠의 자식 -가룟 유다

 유명한 화가 '엘 그레코'는 열두 사도의 초상화를 그려 가는 도중에 가룟 유다는 별도로 그리지 않고, "겟세마네의 그리스도"라는 그림을 그리고 그 오른쪽 아래 구석에 겨우 보일 수 있도록 유다를 그렸습니다.

붉은 머리카락을 말할 때 '유다 색깔'이라 하고, 도살장의 염소를 '유다 염소'라 하고 가면을 쓴 친절한 행위를 '유다의 키스'라 말하고, 입술로만 예수를 사랑한다고 하는 세속적인 사람을 '유다의 제자'라 합니다.

유다는 사도들의 명단에 항상 마지막 자리에 기록되고 예수를 배신한 사람으로 2,000여 년이 내려오는 역사의 중앙에서 배신자라는 딱지가 계속 붙어 오고 있습니다.

유다가 열두 사도로 선택될 당시의 출발은 매우 훌륭했습니다. 유다의 이름은 "찬양 받는다"는 자랑스럽고 아름다운 뜻입니다. 예수가 선택할 당시의 유다는 배신자가 아니었습니다. 제자들을 선택하시기 전에 철야 기도를 하신 예수님을 우리는 기억해 둘 필요가 있습니다. 유다는 배신자가 아닌 사도로 택함을 받았으나 스스로 사도의 직을 버리고 배신자의 길을 선택한 것입니다.

다른 제자들처럼 유다도 희생적 봉사자가 될 수 있었고, 숭고한 순교도 할 수 있었고, 하늘의 상급도 받을 수 있었고, 지금도 강단마다 배신자가 아닌 충성되었던 종 유다로 이름 불릴 수 있었고, 이 땅의 모든 사람들이 유다를 부러워하고 그 뒤를 따르는 추앙의 대상자도 되었을 것입니다. 그런데 유다는 그렇지 못했습니다.

유다에게서 다음과 같은 비극의 역사를 발견합니다.
첫째, 유다는 정상적인 일을 비정상적으로 생각했습니다. 예수님 발에 향유를 부은 마리아를 비난했습니다. 예수님이 옳다고 인정하는데도 유다는 그 행위가 비정상적이라고 비난했고, 그리고 끝까지 자기의 행위를 옳다고 고집했습니다.
둘째, 사도라는 엄청난 직무를 다른 사람(맛디아)에게 넘겨준 비극의 주인공입니다. 물욕에 눈이 어두워 축복된 사도의 직무를 버리고 제 갈 길로 간 유다의 뒤를 이어 직무를 수행할 자를 위하여 사도들은 기도했던 것입니다(행 1:16).
오늘날도 교회에서 하나님으로부터 받은 거룩한 직무에 대한 감격도 없고 소중함도 깨닫지 못하는 사람들은 다른 사람에게 그 직의 축복이 넘어가는 영적 깨달음 또한 없습니다.
셋째, 유다는 끝까지 자기의 허물과 죄에 대하여 회개하지 않고 목매어 죽은 저주받은 사람입니다. 물질에 눈이 어두워 사명을 수행하지 못한 유다가 남긴 유산은 비극적인 피밭, 모든 사람들이 볼 때 고개를 돌리는 공동 묘지뿐입니다.

우리가 이 땅에 남길 유산은 무엇입니까? 적어도 이름값은 해야 하고 무엇보다도 거룩한 직무에 대하여 유다처럼 오명은 남기지 않아야 함을 새삼 생각합니다.

단테의 「신곡」에서는 가룟 유다가 지옥의 맨 밑바닥에서 지금도 회개하지 않은 그 죄값으로 고생하며 형벌을 받고 있음을 묘사했습니다.

우리가 이 유다의 삶을 살고 있지는 않습니까?

현대판 가룟 유다가 되지 않기를 기도하며, 우리의 교회 안에 가룟 유다가 생겨나지 않기를 엎드려 무릎 꿇고 기도합니다.

목회자 아내의 아픔

 횃불회관에서 전국 사모 세미나가 열렸을 때입니다. 강사로 초청을 받은 저는 신명을 다하여 말씀을 준비하고 기도하고 선포했습니다. 가슴 가슴 아픔을 안고 살아가는 여인들! 첫 시간부터 사모님들의 눈망울은 흥건히 젖어 들기 시작했습니다. 원래 목회자 사모님들은 한아름 안고 살아오던 서러움과 아픔 때문에 눈물을 쏟는 여인들임을 알고 있기에, 기쁨과 감사함으로 강의 내용을 정리하여 많이 웃기면서 용기를 갖게 하도록 준비했었습니다.

세미나 두 번째 날 사모님들의 상담이 요구되었는데 그 많은 분들의 상담을 다 들어줄 수 없는 안타까움에 마음 아팠지만 어쩔 수 없었습니다. 몇몇 사모님들의 상담을 해 드리면서 차마 견뎌 낼 수 없는 아픔을 속으로 삼키다 보니 오래도록 제 가슴 속의 저림이 가시지 않습니다.

아직은 세상에서 마음껏 활개를 치면서 자신의 삶을 다듬어 기쁨을 노래할 서른 하나의 나이에 목회자 사모라는 숭고한(?) 직무를 받고, 보이게 보이지 않게 통제된 상황에서 자신의 개성도 의지도 모든 것을 포기한 채 교회를 위하여 헌신하고 있는 사모님!

가난한 것쯤이야 얼마든지 견뎌 낼 수 있지만 상식이 통하지 않는 교인들의 어처구니없는 괴롭힘의 서러움과 억울함은 어디에도 말할 수 없어 30여 년 가슴에 안고 살다 보니 피멍이 맺혀 그것이 암이 되었다는 사모님!

큰 아이의 등록금이 없어 대학에 보내지 못하고 금년에 둘째 아이도

약간 모자라듯 살아갑시다

 사람들에게는 소위 1등주의라는 자아병이 있습니다. 무엇을 해도 1등이어야 기쁘고 그것을 성취했을 때의 포만감은 세상 그 무엇과도 바꿀 수 없는 것 같습니다.

스포츠에서도 마찬가지입니다. 아시안게임이나 올림픽에서 금메달을 획득한 선수들의 이야기는 가슴 뭉클하게 합니다. 물론 금메달과 은메달과의 실제적인 차이는 차이랄 것도 없지만 결과는 엄청난 것을 보게 됩니다. 그리고 많은 사람들은 은메달이나 동메달, 아니 메달권 밖에 있는 선수들에게는 아예 관심조차 갖지 않는 경향이 언제부터인가 무의식적으로 채워져 가는 것을 느낍니다.

놀라운 것은 이와 같은 사실이 교회 안에까지 밀려 들어와 하나님의 창조 원리는 멀어져만 가고 인간주의인 비교 원리가 성도들의 의식구조에 깊이 배어 가고 있음을 또한 보고 느낍니다.

하나님이 인간을 만드셨을 때의 목적은 그것이 아닌데….

저는 감람산 기도원 집회를 종종 인도하게 됩니다. 집회를 인도하게 될 때마다 제 눈에 들어오는 L원장님의 모습이나 삶은, 모자라는 사람이 아니고는 그럴 수 없다는 생각과 느낌을 항상 갖게 합니다. 그렇다고 원장님이 정말 모자란다고 생각하는 사람이 진짜 모자라는 사람이라는 것도 덧붙여 말합니다. 언제나 손해만 보는 것 같고 언제나 양보만 하는 것 같고 언제나 당하기만 하는 것 같은 삶을 살아가시는 L원장님의 모습에서 예수의 가르침을 생각합니다. 예수가 사셨던 삶을 다시 보는 듯하기 때문입니다.

　바울도 자기로 가득 찼을 때는 그리스도인들을 괴롭히고 죽이는 것을 즐겨 하였지만 다메섹 도상에서 예수를 만나고 난 이후에 그의 고백은 놀라운 것이었습니다.

　"나는 만삭되어 나지 못한 자와 같습니다"(고전 15:8).
　"나는 사도 중에 가장 작은 자입니다"(고전 15:9).
　"나는 죄인 중에 괴수입니다"(딤전 1:5).

　그렇다고 바울이 정말 모자란 사람이라고 말하는 사람은 아직 한 사람도 없습니다. 다시 말하면 예수의 삶을 재현하는 것 자체가 모자란 듯한 삶입니다. 그러나 실제는 가득 찬 삶이라는 것을 우리는 누구도 부인하지 않습니다.

　모자란 듯 살아가는 삶! 그러면서 실제로는 가득찬 삶을 살아가는 사람!

　이것은 참으로 매력적인 말이 아닐 수 없습니다. 가득 채워지면 더 이상 채워질 것도 없고, 채워도 별 의미 없지만 모자람에는 항상 무엇인가 더 채워져야 하는 진리가 있습니다. 가득 찬 듯함에는 교만이 냄새나고 자기주의의 악취가 나지만 모자란 듯함에는 겸손의 냄새가 있고 순수하고 신선한 향기를 느낍니다.

　사람에게 있어서 인격적인 가득참과 모자람은 나름대로 평가될 수 있지만 하나님 앞에서의 우리의 모습은 가득참보다는 모자람의 모습이 훨씬 하나님의 도우심을 받을 수 있는 아름다움이 아닐까 생각해 봅니다. 성경의 위대한 인물 모두가 가득찬 사람들이지만 그들의 삶은 모자란 듯한 생활을 한 것이었기에 그 진리를 더욱 깨닫게 됩니다.

그런데도 사람들은 가득찬 삶을 추구하고 그렇게 몸부림하는 이유는 무엇일까요?

다른 사람과의 비교 의식이 없는, 항상 하나님 앞에서 자기의 모습이 모자람의 모습으로 살아갈 때 거기에 사람 사는 맛이 창출됩니다. 그 모자람을 스스로도 채우기 위해 노력하고 그 모자람을 하나님이 채워 주시기를 간구하는 삶! 거기서 진정한 신앙인의 삶이 아름답게 수놓아져 가는 것입니다.

기회와 기회주의자

 일반적으로 기회주의자를 두고 좋지 않게 평가합니다. 두 말 할 것도 없이 인격적으로 존경받지 못할 자로 구분해 버립니다. 그도 그럴 것이 자기 자신의 이기적 상황을 우선에 두고 생활하면서 자기에게 오는 기회를 그렇게 활용하기 때문일 것입니다.

사전에서 기회주의를 '그때그때의 기회에 따라 편의적으로 행동하는 무원칙 주의' 즉 편승주의라고도 정의합니다. 기회주의자는 그렇게 살아가는 사람을 두고 일컫는 말입니다.

그런데 기회라는 영어의 opportunity 는 '어떤 일을 해 나가는 데 가장 잘 만난 효과적인 고비'로 그 뜻을 좋은 의미로 정의하는데 그것이 주의(主義)가 되면서 어원이 변형되고, 주의자(主義者)가 되면서 그 의미는 더욱 좋지 않게 적용됩니다. '잘 만난 효과적인 고비'를 정말로 선용하는 기회로 삼을 수 있을 때 그는 진정 삶의 지혜자라 할 수 있는데 사람들은 그것을 원칙이 없는 편승주의로 악용함으로써 기회주의자는 모든 사람들이 멀리하게 되는 인격적 수치를 당하게 되는 것입니다.

시므이의 기회주의적 행위(삼하 16:5-13, 19:18-23)라든가, 압살롬의 반역 당시 이스라엘 사람들의 기회주의적 행위(삼하 19:8-10)라든가, 호산나를 외치면서 예수를 환영하다가 십자가에 못박으라고 외치던 유대인들의 기회주의적 행위(마 21:1-11, 27:21)라든가, 가룟 유다의 기회주의적 행위라든가, 사울의 죽음 이후에 이스보셋을 왕으로 삼고 다윗을 대항하다가 열세에 몰리게 됨을 알고 다윗에게 휴전을 제의했던 아브넬의 기회주의적 행위(삼하 2:24-32)라든가, 이스보셋의 군장으로서 다윗의 세력이 확장됨을 알고 자기가 섬기던 이스보셋을 죽이고 그의 목을 베어 다윗에게 가져와서 공을 치하받고자 하다가 죽임을 당한 레갑과 바아나의 기회주의적 행위(삼하 4:1-12)는 용서받지 못할 악행으로서 편승주의의 대표적 사건들입니다.

외국 속담에 "Strike the iron while it is hot; 뜨거울 때 쇠를 두드리라"는 말이 있습니다. 즉, 기회를 놓치면 수많은 수고를 해도 쓸데없게 된다는 교훈입니다. 그런데 이 기회는 모든 사람에게 찾아오지만 그것을 선용하는 사람은 드뭅니다. 그래서 에베소서 5:16에서 "세월을 아끼라 때가 악하니라"고 교훈합니다. 여기의 세월은 헬라어 '카이론'($καιρόν$)으로서 '중요한 시기' '금방 지나가 버리는 특별한 기회'를 의미하고 영어 성경에서는 "making the most of every opportunity; 모든 기회를 잡으라"로 번역하고 있습니다.

고기는 물을 탑니다. 새는 바람을 탑니다. 지혜자는 기회를 탑니다. 때는 얻기가 어렵고 잃기가 쉬운 것입니다. 그렇기 때문에 지혜자는 기회를 잃지 않고 선용합니다. 그리고 그 기회를 아름답고 행복한 것으로 바꾸어 놓게 됩니다.

그러면서 결코 기회주의자는 되지 않습니다. 경솔한 자와 함께 있어도 경솔하지 않고 불신자와 함께 있어도 의심치 않고, 신앙을 경멸하는 자와 함께 있어도 신앙을 비웃지 않습니다. 남을 나쁘게 평가하는 사람과 함께 있어도 그 말에 동요되지 않으며 남을 쉽게 비판하는 사람과 함께 있어도 그 사람의 말에 동화되지 않습니다. 들뜬 기분에 지배되지 않고 이런 저런 의견에 좌우되지 않으며 항상 자기 자신의 행동의 선(線)을 지킵니다.

 선을 베풀 기회, 이웃을 위해 봉사할 기회, 사명을 수행할 기회를 선용하는 자가 될지언정 자기의 이기주의적 목적을 위한 기회주의자가 되어서는 안 됩니다. 그것이 그리스도인의 지혜로운 삶이고 하나님의 사랑을 받게 되는 삶입니다.

자기도취

그리스 신화의 나르시스(Narcissus)는 오늘을 살아가는 우리들의 삶, 특히 그리스도인들에게는 생활 교훈적인 이야기입니다. 물에 비친 자기의 아름다운 모습을 연모하다가 빠져 죽어서 수선화가 된 미모의 소년 나르시스는 좋은 표현으로 자부심이 강한 청년으로 묘사되기도 하지만 일반적으로 자기 도취(Narcissism)의 모델입니다.

인간 생활의 아름다움이란 수직적 삶으로서 하나님과의 관계와, 수평적 삶으로서 인간 관계의 조화로 이루어지는데, 하나님과의 아름다운 관계는 기도와 경건한 생활, 사랑을 바탕으로 하는 서로 존중하는 섬김의 실현에서 가능합니다. 그런데 자기 도취에 빠져 버릴 때는 이와 같은 수직적 삶도 수평적 삶도 아름답게 조화되기란 어렵습니다.

「普書」손초전(孫楚傳)에 나오는 '漱石枕流; 수석침류'라는 글이 있는데 이 말은 "돌에 입을 가시고 흐름을 베개 삼다"란 말로서 원래는 일찍부터 탈속을 원했던 손초가 왕제에게 "돌을 베개 삼고 흐름을 입에 가시다"라는 말을 잘못 실언한 것을 깨닫고 자기가 한 말을 합리화시키기 위하여 "돌을 입에 가시는 것은 이를 닦기 위함이며 흐름을 베개 삼는 것은 귀를 씻기 위함이라"고 말을 맞추어 억지를 쓴 것으로서 오늘날도 자기가 지고도 억지를 쓰는 일을 '수석침류'라고 합니다. 요즈음 교회마다 바울을 통한 하나님의 말씀 곧 그리스도인은 예면 예, 아니면 아니라는 언어의 생활화가 이루어지지 않아 시끄러워지는 경우를 종종 보고 듣습니다. 가슴이 답답한 일이 아닐 수 없습니다.

E교회에서는 성가대회를 했는데 성악을 전공한 음대 출신 성도가 자기가 1등인데 등수에도 들지 않아 이런 교회는 수준 이하라고 스스로 평가하고 자기가 부르는 것은 무조건 1등이 되어야 한다며 심사 위원들의 인격이나 행사를 주관한 기관 부서의 위상은 아랑곳없이 자기 도취에 빠져 교회를 떠났습니다. 그 성도님 때문에 고민하면서 괴로워하는 목사님의 이야기를 듣고 실소를 금치 못했습니다. 이런 경우에 '수석침류' 라는 말이 적용되기도 합니다.

신학적 인간론에서 인간을 'Being' (존재-됨)이 아니라 'Becoming' (존재화-되어 감)으로 이해하는 것도 그리스도인은 항상 자기 자신의 부족함을 인지하면서 하나님으로부터 모든 것을 공급받는 자세여야 한다는 본질 때문입니다. 이것이 곧 예수님이 말씀하신 마태복음 7:12의 황금률이라 불리는 '나' 중심이 아니라 항상 '너' 를 생각할 줄 아는 섬김과 대접의 원리이기도 합니다. 인간 생활의 경직은 항상 자기 도취에서 시작됩니다. '너' 를 이해하는 것보다는 '나' 를 주장하는 데서 모든 인간 관계는 단절됩니다.

그것은 결국에는 하나님과의 단절이 되기도 하고 궁극적으로 아름답지 못한 실패의 삶으로의 길이기도 합니다.

요즈음 정치권에서 나오는 색깔론이라든가 보수론을 들어 보면 더욱 고소를 금치 못하는 것은 국민이 볼 때는 빨간데 자신은 하얗다고 목소리를 높이면서 상대방을 향하여 빨갛다고 우겨대는 것이라든가 저질 코미디만도 못한 우스꽝스러운 모습 때문입니다. 그야말로 한치 앞을 내다볼 수 없는 정치 상황입니다.
　교회 생활의 기준이 항상 '나'가 되어 내 교회, 내 가정, 내 가족 중심이 된다면 거룩한 공동체로서의 교회는 더 이상 섬김, 대접의 공동체가 아닙니다.
　이기주의, 자기 도취에 길들여져서 모든 기준이 예수 그리스도가 아닌 자기 자신이 되는, 보이지 않는 자기 우상의 바벨탑을 쌓는 죽음의 신앙에서 황금률의 생명 신앙으로 부활해야 합니다.

춘계 특별 새벽 기도회

 19세기 프랑스의 위대한 화가 고갱(Gauguin)의 만년 작품 가운데 '우리는 어디서 왔는가? 우리는 무엇인가? 우리는 어디로 가는가?' 라는 표제의 작품이 있습니다. 이것은 우리의 인생관을 확립할 수 있는 질문이기도 합니다.

인생을 바로 사는 지혜를 가르쳐 주는 학문을 철학이라 합니다. 그래서 동서고금의 위대한 철학자의 중요한 관심사가 올바른 인생관을 탐구하고 가르치는 것이었습니다. 그래서 그리스의 위대한 수학자요 철학자요 종교가였던 피타고라스(Pythagoras)는 "이 세상에서 제일 중요한 것이 무엇이냐? 인생을 어떻게 살아야 하는가를 가르쳐 주는 것이다"라고 갈파했습니다.

저희 교회에서 춘계 특별 새벽 기도회를 시작하게 되었을 때의 일입니다.

왜 이런 행사가 필요합니까? 인생을 어떻게 살아야 하는가를 깨닫는 좋은 기회입니다. 기도회를 통하여 나 자신을 돌아보는 기회가 될 수 있습니다. 하나님과의 단절된 관계를 회복할 수 있는 기회가 될 수 있습니다. 나약해진 신앙과 삶을 힘있게 할 수 있는 기회가 될 수 있습니다. 너와 나의 관계가 더욱 아름답게 될 기회가 될 수 있습니다. 삶에 지친 영혼과 심령이 새롭게 봄 기운처럼 되살아날 수 있는 기회일 수 있습니다.

현대인들의 삶의 특징을 한 가지 말하라면 인스턴트식 생활 관습에 길들여지고 있다는 것입니다. 200원을 자판기에 넣고 내가 원하는 버튼을 누르면 필요에 따라 커피나 기타 음료가 나오듯 모든 생활을 쉽고 편리하게 살아가려는 관습에 길들여지고 있다는 말입니다.

놀라운 것은 신앙 생활도 그렇게 되어 가고 있다는 사실이며 그것을 생각해 보면 목사로서 가슴이 답답함을 느끼지 않을 수 없음이 솔직한 고백입니다. 십자가 없는 부활은 없다는 것을 알면서도, 고난 없는 영광은 없다는 것을 알면서도 그리스도인들은 이상하리만큼 쉽고 편하게 신앙 생활을 하려고 합니다.

미국의 법률학자 '잉거솔'이 말한 대로 "현재는 필연적인 과거의 산물이며 현재는 필연적인 미래의 원인이다"란 말을 되새겨 보면 편하게 신앙 생활을 하는 결과는 분명 아름답지 못함을 인지하면서 우리는 더욱 기도 생활에 힘써 보석처럼 빛나는 영혼과 향기 나는 생활이 되기를 소망합니다.

그래서, 저희 교회는 20일 특별 새벽 기도회를 마련하여, 그것을 통해 수고하지 않고 얻으려 하는 잘못된 생각, 땀 흘리지 않고 행복을 거두려는 어리석은 생각, 힘쓰지 않고 좋은 것을 소유하려는 비뚤어진 생각을 깨끗이 씻어 버리고 한층 더 높고 아름다운 삶의 수준에 이르기를 소망해 보았습니다.

노자와 더불어 도가 사상(道家思想)의 2대 산맥을 이루는 장자의 말이 있습니다. '視乎冥冥 聽乎無聲; 시호명명 청호무성' 즉 보이지 않는 것을 보고 소리 없는 소리를 들을 수 있는 혜안(慧眼)과 영청(靈聽)의 신비로움을 이야기한 말인데 우리 그리스도인들이 기도와 말씀 생활에서 체득할 수 있는 아름다움입니다.

  인간은 살아가면서 행복을 창출하는 지혜자가 되어야 합니다. 행복은 지혜와 용기와 노력으로 얻어 낼 수 있는 인생의 가치이며 정성과 땀으로 쌓아 올리는 공든 탑입니다. 행운은 우연과 요행의 산물이지만 행복은 인간의 창의와 노력과 계획의 산물입니다. 이를 위하여 우리는 오늘도 부단히 기도하는 삶이어야 합니다. 거기서 행복을 새롭게 발견할 수 있는 것입니다.

고난의 철학

비가 많이 쏟아지는 곳에서는 식물들도 더욱 푸르게 자라납니다.

안개가 짙은 섬은 에메랄드가 생성되기에 알맞아 에메랄드의 섬이 됩니다. 우리 인생에도 고난과 슬픔의 안개가 짙을수록 에메랄드 같은 아름다운 심령을 얻게 될 것이고, 하나님의 사랑의 깊이를 깨닫게 됩니다.

우리는 제비가 겨울 동안에 보이지 않는다고 제비가 없어졌다고 말하지 않습니다.

우리는 겨울 동안에 꽃나무가 죽어서 꽃이 피지 않는다고 말하지 않습니다.

구름이 태양을 가리우고 먹구름이 소나기를 내리게 하며 사방이 어두워 캄캄해진다고 해도 우리는 태양이 사라졌다고 말하지 않습니다.

봄이 오면 제비는 다시 오고, 봄이 오면 꽃은 다시 핍니다. 이 땅에 새 생명을 키우기 위해 잠시 비가 내렸을 뿐이지 태양은 언제나 하늘에 떠 있습니다.

우리가 살아가노라면 제비 없는 겨울 같은 날을 맞이할 때도 있습니다.

꽃이 없는 앙상한 나뭇가지가 떨며 찬바람을 맞으며 서 있는 것처럼 우리는 고난의 날들을 맞이하기도 합니다.

언제나 태양빛 아래 아름다움만 누리는 것이 아니라 소낙비를 맞으며 살아가기도 합니다. 그러나 그런 날들이 있기 때문에 다음에 오는 날들이 더욱 아름답고, 가치 있게 느껴지기도 합니다. 다가온 고난의 날들을 견뎌 내지 못했을 때 우리는 어쩌면 영원토록, 이듬해 오는 봄 같은 삶을 누리지 못할 것입니다.

한 물리학자가 벌레가 어떻게 고치를 만들고 고치 속에서 어떻게 나비로 탈바꿈하는가를 관찰하고 있었습니다. 벌레가 힘을 다해 고치를 짓고 그 속에 들어가더니 버둥거리기 시작했습니다. 그 벌레가 버둥거리며 고통하는 모습은 마치 잔인한 고문에 못 이겨 버둥거리는 인간의 모습과 같았습니다. 이것을 관찰하던 과학자는 너무나 괴로워하는 벌레를 더 이상 볼 수 없어서 고치를 깨고 벌레를 밖으로 꺼내 주었습니다. 그런데 밖으로 나온 벌레는 버둥거리는 고통은 멎었지만 얼마 지나지 않아 죽어 버리고 말았습니다.

고치 속에 들어간 벌레는 죽은 것이 아닙니다. 지금은 말할 수 없는 고통을 당하지만 그 고통 속에서 나비로 탈바꿈하고 있는 것입니다.

우리가 살아가는 인생은 한 마리의 벌레와도 같습니다. 나비 되어 훨훨 나는 기쁨의 날을 위하여 고치 속의 고통을 겪지 않으면 안 됩니다. 인생이라는 것, 그 삶은 그냥 아름답고 행복해지는 것이 아닙니다. 고난의 날들을 맞이할 때 그 고난을 피할 것이 아니라 그 고난 가운데서 새로운 비전을 볼 수 있어야 합니다.

영국의 위대한 문학가 사무엘 존슨은 "고난과 싸우고 그것을 극복하는 데 인간 최고의 기쁨이 있다"고 했습니다. 그 자신이 가난과 아내의 죽음으로 많은 고난을 겪으면서도 1947년에서 55년까지 단신독력(單身獨力)으로 영국 최초의 영어 사전 편찬 대업을 완성하였고 18세기 영국 문단의 거장(巨匠)이 되었습니다.

  인간이 산다는 것은 고난과의 싸움입니다. 싸우면 이겨야 하고 싸움에서 이길 때 영광이 있고 희열이 있고 감격이 수반됩니다. 영광은 고난과 비례합니다. 고난이 크면 클수록 영광도 크고, 고난이 작으면 작을수록 영광도 작습니다.
  아마도 가장 큰 고난을 받으시고 가장 큰 영광을 이루셨던 분은 예수님이실 것입니다. 예수 그리스도가 고난받으신 그 의미를 다시 한번 되새기면서 오늘의 그리스도인으로서 삶의 고난을 극복하는 능력과, 삶의 지혜로 부활의 은총을 경험하는 축복이 넘치기를 기도합니다.

고난 주일을 맞으면서!

 저희 교회에서 사랑을 실천하기 위한 취지로 마련한 제5차 사랑의 주일을 맞이했을 때가 사순절 마지막 주간을 보내는 고난 주일이었습니다. 그래서 고난 주간에 그 이름 예수 그리스도를 다시 한번 생각하며 고난의 현장에 있는 이웃을 한번 더 돌아보는 좋은 기회가 되었습니다.

본훼퍼(Dietrich Bonhaeffer)는 '하나님을 위한 죄수'라는 저서에서 "기독교인이 된다는 것은 참 인간이 되는 것이고 이 세상의 삶에서 주의 고난에 참여하는 것"이라고 하였습니다.

주님의 고난에 참여하는 삶이란 어떤 삶입니까? 해마다 맞는 사순절 기간에 우리 그리스도인들의 생활은 어떠해야 합니까? 우리 자신에게 주어지는 이 물음에 진솔한 자기 성찰과 함께 부끄럼 없는 대답을 할 수 있어야 합니다.

그러기 위하여 우리는 다음과 같은 삶의 자리에 있어야 함을 깨닫습니다.

첫째, 예수님을 생각한다면 우리는 예수와 함께 기도의 동산에 있어야 합니다.

예수께서 우리 죄를 대속하시기 위하여 십자가를 짊어지시기 전 겟세마네 동산에서 기도하시던 그 때에 가룟 유다는 세상 탐욕에 빠져 그 시간에 대제사장의 사랑방에서 예수를 팔려고 흥정을 하고 있었고, 가장 가까이에서 사랑받던 베드로, 야고보, 요한은 밀려오는 피곤에 견디지 못하여 졸음에 빠져 있었고, 남은 여덟 제자들은 누가 큰 자인가 다투다가 지쳐 있었습니다. 기도의 동산에 함께하지 못했던 제자들은 예수의 십자가 곁에도 있지를 못했습니다. 그렇다면 오늘 우리들은 어디에 있습니까? 무엇을 하고 있습니까?
 기도의 동산에 있어야 합니다.

 둘째, 예수님을 사랑한다면 우리는 예수와 함께 고난의 현장에 있어야 합니다.
 현대 그리스도인들은 고난을 싫어합니다. 교회 생활을 통해서도 축복은 즐거워하는데 고난에 대한 말은 듣기조차 싫어합니다. 오병이어의 역사의 현장인 벳새다 언덕에서는 수천 명의 군중이 예수 이름을 불렀지만 가야바의 뜰과 빌라도의 법정에서는 그처럼 큰소리치던 베드로마저 철저히 이기적인 사람으로 변하여 예수를 부인하고 있었습니다.
 그렇다면 오늘 예수님과 함께하는 수난의 현장은 어디입니까? 마태복음 25장에서 오늘의 예수 수난의 현장은 가난한 이웃들의 고난의 현장이며 병들어 고통하는 이웃의 아픔의 현장 바로 그곳이라는 사실을 깨닫게 됩니다. 사순절을 맞을 때 우리는 예수님의 수난의 현장에 있는가를 돌아보고 이웃의 아픔을 생각하면서 고난 주간을 보낼 수 있어야 합니다.

 셋째, 예수님을 따른다면 우리는 예수와 함께 골고다 언덕에 있어야 합니다.

골고다는 해골의 곳이라는 뜻입니다. 오늘의 골고다는 어디입니까? 죽음의 자리입니다. 그런데도 많은 사람들이 여기를 싫어합니다. 여기는 '용기' 없이는 있을 수 없습니다. "살아도 주를 위하여 죽어도 주를 위하여"라는 바울 같은 고백을 할 수 있음은 '주님을 사랑함'이 없이는 안 됩니다. 주님과 함께 죽으면 주님과 함께 산다는 '믿음'이 없어도 안 됩니다. 먼저 자기를 죽일 줄 아는 훈련이 필요합니다. 교만이 죽고 혈기가 죽고 세상 정욕이 죽어야 합니다. 이와 같은 훈련이 없이는 골고다 언덕에 있을 수 없습니다.

우리는 선한 사마리아인의 이야기를 잘 압니다. 그럼에도 교회 안에는 그와 같은 사람을 보기 힘듭니다. 모두가 제사장과 레위인이 되어 갑니다. 아니 더 놀라운 것은 어쩌면 우리들은 내 자신의 편의와 이기적인 삶을 위하여 너를 고통하게 만드는 강도로 변해 가고 있는지도 모릅니다.

우리를 위하여 고난받으신 우리 주 예수 그리스도의 사랑을 아십니까? 그분을 사랑하십니까? 그렇다면 예수 그리스도의 십자가 곁에 있는 삶을 살아가야 합니다.

국회의원 선거 (國會議員 選擧)

　　국회의원 선거가 있었습니다. 선거철이면 늘 보는 모습이지만 각 정당 및 무소속 후보 진영에서는 선거 전략에 골몰하고 유세장마다 후보자들의 소리는 높아 가는데 듣는 청중, 곧 유권자들의 반응은 냉담하다고 연일 매스컴은 보도합니다. 후보자들은 유동표를 끌어들이기 위하여 안간힘을 씁니다. 그러다 보니 후보자들간의 과열된 홍보는 급기야 상대 후보의 인신 공격을 선거법에 저촉되지 않는 선에서 교묘하게 하기 시작하고 그것이 지나치다 보니 거짓말과 모함과 모략이 일기 시작합니다. 이번에도 어김없이 저질스러운 선거가 또 시작되는구나 생각하니 가슴이 답답했습니다. 아마 많은 사람들이 공감하는 일일 것입니다.

　　싸움에는 두 가지 방법이 있습니다. 하나는 법에 의한 싸움이요 하나는 폭력에 의한 싸움입니다. 전자는 인간의 고유한 것이고 후자는 짐승의 싸움에 속합니다. 군주(君主)는 짐승과 인간의 두 방법을 잘 쓸 줄 알아야 합니다. 그렇다면 군주가 짐승의 방법을 취해야 할 때는 어느 동물을 선택해야 하겠습니까? 여우와 사자를 선택해야 합니다. 권모술수의 원리를 말한 근대 이탈리아의 유명한 정치학자인 마키아벨리(Machiavelli)의「군주론」(君主論)에 나오는 말입니다. 정치하는 사람이라면 반드시 읽어야 할 정치학의 고전을 오늘의 국회의원 선거에 출마한 후보자들이 정녕 읽고 후보로 등록을 했는가 생각해 봅니다.

　　그건 후보자들의 일이고 진정한 일꾼을 선택하는 것은 유권자들에게 달려 있습니다. 오늘의 유권자들의 의식이 후진성을 벗어나지 못하고 있음은 안타까운 일입니다. 아직도 국가의 흥망성쇠가 걸린 이 나라 국회의원을 뽑는데 나라야 어찌되든 지역이야 어찌되든 개인적인 이기적 사고에 얽매여, 소위 학연(學緣)이나 지연(地緣)이나 혈연(血緣)은 물론 금권(金權)에 자신의 고유한 권리를 싼값으로 넘겨 버린다면 그보다 더 서글픈 일이 없음을 알아야 합니다.

민주주의의 신봉자 링컨은 "투표는 탄환보다 강하다"는 명언을 남겼습니다. 남북 전쟁이 끝난 5일 후 포드 극장에서 남부 출신의 무지한 청년에게 저격을 당하여 56세에 세상을 떠났지만 링컨은 미국인의 가슴, 아니 민주주의를 사랑하는 지구촌의 모든 사람들의 가슴 속에 영원히 살아 있습니다.

탄환을 영어로 벌레트(bullet)라 하고 투표 용지를 벨로트(ballot)라 합니다. 두 단어는 철자와 발음이 비슷합니다. 그래서 이 단어가 갖는 의미는 더욱 묘미가 있습니다.

그렇습니다. 우리가 선택하는 후보자들의 이름이 기록된 투표 용지는 탄환보다 강합니다. 그것을 알아야 합니다. 그 탄환보다 강한 투표 용지를 전혀 쓸모없는 납조각으로 만들어 버리는 것이 바로 투표를 포기하는 것이라든가, 이도 저도 싫으니 무효표를 만드는 것이라든가, 더욱 서글픈 것은 인물 중심이 아니고 이기적인 욕심에 얽매여 타락된 투표 행사를 하는 것임을 알아야 합니다.

보다 중요한 것은 유권자들의 주인 의식입니다. 선거의 주체는 후보자가 아니라 유권자입니다. 국회의원 선거의 후보자나 유권자 모두가 "사는 것이 중요한 문제가 아니라 바로 사는 것이 중요한 문제다"라는 소크라테스의 말이나, "사람은 나이 40이 되면 자기 얼굴에 대해서 책임을 져야 한다"는 링컨의 말이나, "나의 소원은 모든 사람의 눈에서 모든 눈물을 닦아 주는 것이다"라고 역설한 간디의 말이나, "투표는 탄환보다 강하다"라는 링컨의 말을 생각하면서 투표장으로 갈 수 있어야 합니다.

'놈'에서 '님'으로!

 목욕탕은 인생살이 축소판이라 해도 별로 틀린 말은 아닐 것이라는 생각을 종종합니다. 죽도 시장의 아침 시간은 더욱 그렇다는 생각을 해 보았습니다. 포항에서의 생활이 2년 가까이 되면서 좋은 면도 많고 그렇지 않은 면도 있다는 생각을 또 해 봅니다.

일전에 S사우나에서 저는 현기증 나는 말을 들었습니다.

"에이 C. B. ! 오늘 따라 물이 왜 이 모양이야! 야, 사장 어디 있어?"

황급히 달려온 직원이 무슨 큰 죄인이나 되듯 그 사람 앞에서 손을 모으고 조아리는 시늉을 하는데 소리를 질러 대는 그 사람은 물을 욕하고, 직원을 욕하고, 나중에는 사장을 욕하고, 시장을 욕하더니만 끝내는 현정부의 수뇌이며 국민의 대표인 대통령까지 욕을 하는데 말끝마다 '놈' 자가 떨어지지를 않는 것이었습니다. 내용인즉 선거가 끝나고 자기가 지원했던 후보자가 낙선하고 나니 속풀이로 그렇게 하는 듯하여 마음이 참으로 맑지를 못했습니다.

옛말로 '놈'은 방언으로는 남자를 가리키는 것이고, 보통의 사람을 지칭하는 말이었지만 이제는 상대방을 욕으로 치부할 때 '놈'이 토해지는 것입니다. 명사로도 부족하여 온갖 형용사를 동원하여 '놈'의 문화를 가정에서도, 회사에서도, 신성한 국회에서도, 아니 교회 안에서도 쉽게 토하게 되었습니다.

놈의 눈에는 놈이 보이고, 님의 눈에는 님이 보인다는 말이 있습니다. 마태복음 5:22에서는 어떤 경우이든 '놈'을 '놈'으로 부르는 사람 자신도 '놈'보다 나을 것이 없다는 사실을 깨우치면서 그것은 지옥 불에 들어갈 대상이라고 하였습니다.

자기에게 필요할 때는 '님'이 되고 필요가 채워지면, 그리고 별 유익함 없으면 '놈'이 되는 세상이라면 도대체 어디에 우리의 삶의 기준이 있으며 아름다움이 있는 것입니까?

이제는 역사 속으로 지나갔지만 어린아이들까지도 전직 대통령을 "물 대통령, 물 ○○"라고 대통령을 우습게 여겼던 언행은 우리 국민의 윤리 의식에 근본적으로 문제가 있는 것이고 그것은 우리의, 나의 수치로 받아들이는 마음 자리가 너나 없이 없다는 증거이기에 참으로 슬픈 일입니다.

비행기 사고도, 지하철 사고도, 산불 하나도 대통령에게 그 책임을 전가시키면서 이 나라 국민은 쉽게도 '놈'의 문화를 만들어 갑니다. '놈'의 문화는 상대방을 죽이는 문화인데 이것은 조선 시대에는 사색 당파로, 현대는 일부 정당인들의 파쟁으로, 그리고 이것이 교회까지 들어와서 '놈'의 문화를 채색하고 있는 것입니다.

오늘날 '나'와 '너'는 어떻게 하면 '놈'을 '님'으로 표현하는 축복된 문화를 창출할 수 있겠습니까?

대통령 취임 당시 80-90%의 최고 인기 수위가 불과 1년이 지나면서 각종 사건 사고로 40-50%로 곤두박질하는, 우리나라 국민의 순간 순간의 기분과 감정에 올라가기도 내려가기도 잘하는 것을 생각해 보면서 보다 깊은 삶의 의식과 생각할 줄 아는 혜안으로 기다림의 철학을 보다 더 깊이 체득해야 함을 절감해 봅니다.

언젠가 부흥회를 인도하면서 '도적놈'이라 하지 않고 '도적님'이라고 했더니만 성도들이 한꺼번에 폭소를 터뜨렸습니다. 당연히 도적은 '놈'이 되어야 하는데 강사 목사가 '님'이라 하니 웃을 수밖에 없었을 것입니다. 물론 저는 용어 사용법을 몰라서 그런 것이 아니라 오늘 우리들의 언어 구사에 근본적으로 문제가 있음을 일깨우는 것이라고 보충 설명을 했을 때 성도들은 고개를 끄덕거리면서 우리들의 언어 문화의 아름답지 못함에 동의하는 것이었습니다.

그리스도인은 '놈'을 '님'으로 바꾸어 가는 축복 문화의 창조자입니다.

정신장애와 육체장애

지난 20일은 열여섯 번째로 맞는 장애인의 날이었습니다. 우리 나라 장애인의 수는 일반적으로 105만에 이르지만 실제로는 그보다 훨씬 더 많다는 것은 누구나 다 아는 사실입니다. 그 가운데 놀랍게도 90%가 후천적 장애인이라는 사실을 우리는 결코 간과해서는 안 됩니다. 새겨 말하면 오늘 건강한 사람일지라도 언제나 장애인이 될 수 있다는 말이고 나에게는 해당되지 않는다고 말할 수 있는 사람은 아무도 없다는 것입니다. 그럼에도 불구하고 오늘을 살아가는 사람들은 영원히 장애인이 되지 않으리라는 보장이라도 받은 듯 장애인들의 삶에 대하여 무관심하고 '서로' 라는 의미가 전혀 없는 삶을 살아가고 있습니다.

우리말로 '서로' 라는 말로 번역되는 영어의 One Another라는 단어는 몇 가지 의미를 담고 있습니다. 첫째는 혼자서는 살아갈 수 없다는 뜻이며, 둘째는 사람과 사람이 더불어 살아가는 곳이 사회라는 의미이며, 셋째는 상대방에게 가지는 나의 의무와 책임의 삶을 의미합니다. 인간다운 삶은 One Another 의 관계 안에서 가능한 것입니다. 늘 말하는 것이지만 '너의 유익을 위한 행동하는 나의 삶' 에서 우리는 '서로' 라는 말의 의미를 경험할 수 있는 것입니다.

내가 경험하지 않으면 남의 일에 관해서는 느낌이 없습니다. 남의 슬픔도 나에게는 슬픔으로 느껴지지 않고 재미있는 이야기로 들려질 수 있는 것입니다. 목마른 경험이 없는 사람은 목마른 사람에게 한 모금의 물을 마시우게 할 수 없습니다. 눈물의 경험이 없는 사람은 슬픈

자의 마음에 위로를 줄 수 없습니다. 아픔을 경험한 자가 아픈 자를 외면할 수 없고, 가난의 슬픔을 경험한 자가 베풀 수 있는 사랑을 실천할 수 있는 것입니다.

제5공화국 국회 청문회 때에 국회 의원직을 박탈당하고 중앙정보부에 끌려가 모진 고문을 당하고 수모를 겪어야 했던 손주항 의원이 자신의 뼈아팠던 세월의 고백을 경청하지 못하고, 자성하지 못하고, 부끄럼으로 일관치 못하고, 웃음으로 치부했을 때 "웃지 마. 당해 보지 않은 사람은 몰라"라고 격앙된 발언을 했던 것을 우리는 기억하고 있습니다.

그렇습니다. 가난이든 아픔이든 슬픔이든 기쁨이든 당해 보지 않은 사람은 그 사실적 상황을 이해할 수 없고 그래서 울어야 할 때 웃기도 하고 슬퍼야 할 때 노래하기도 하고 통한해야 할 때 희희낙락하게 되는 것입니다. 인간이란 누구나 할 것 없이 영웅이면서 겁쟁이고, 온화하면서 동시에 냉정하며, 친절하면서도 동시에 잔인하기도 하고, 성자이면서 악한 자가 되어 오늘을 살아갑니다.

저희 교회에도 장애인 성도들이 계십니다. 휠체어에 몸을 의지하고 예배당에 오르내리는 장애인들, 목발을 의지하여 불편한 몸으로 바른 삶을 실천하려 애쓰는 장애인들의 언어와 삶에서 그리스도의 향기를 느낍니다.

그런데 사지 백체가 멀쩡하고 좋은 학벌에 부유한 삶을 자랑하면서 그 입에서 나오는 말은 저속하고 비판적이며 그 생활에서 '너의 유익을 위하여'가 아닌 '나의 유익을 위하여' 온갖 비인간적 삶을 통하여 축복으로 받은 재물과 명예와 학벌과 권력을 오히려 다른 이에게 아픔을 심는 저주의 도구로 이용하는 사람들을 두고 정신장애자라 합니다. 그런데 무서운 것은 이 땅에 그와 같은 정신장애자들이 내뿜는 비인간적 삶의 매연으로 인하여 오늘도 많은 사람들이 삶의 공해에 시달리게 되는 것입니다.

정신장애와 신체장애! 어느 것이 더 무서운 것입니까? 그리고 우리는 오늘 어떤 모습으로 살아가고 있습니까? 새삼스럽게 생각해 봅니다.

불량 자녀 만들기 위한 12가지 주책

 미국 텍사스 주 휴스턴 경찰서에서 발표한 불량 자녀 만들기 12가지 주책이 있습니다. 어린이 주일이면 떠오르는 내용이어서 함께 먼저 생각해 보았으면 합니다.

1) 아주 어렸을 때부터 무엇이든지 원하는 대로 다 주어라. 그러면 자라면서 이 아이는 온 세상이 나를 살려 줄 의무가 있다고 느끼게 될 것이다.

2) 상스럽고 나쁜 말을 집안에서 사용할 때마다 실컷 웃어 주어라. 그러면 그 아이는 큰 재롱이나 부리는 줄 알고 우쭐해하고 으쓱거리게 될 것이다.

3) 아이가 철이 들고 자유 선택을 할 수 있을 만큼 자랄 때까지는 영적 지도를 시작하지 말라. 그러면 자라서 틀림없이 영적 지도가 어렵게 될 것이다.

4) "안 돼!" "못 써!" 하는 말을 될 수 있으면 피하라. 그러면 어느 날 도둑질을 하고 경찰에 잡히게 되면 온 세상이 왜 자기를 미워하는가 하여 세상을 미워하게 될 것이다.

5) 책이나 옷이나 신발 등을 아무 곳에나 팽개쳐 놓았을 때, 항상 얌전하게 정리해 주어라. 그러면 어떤 일을 저질러 놓고도 남에게 책임을 전가하는 데 선수가 될 것이다.

6) 아무 인쇄물이든지 손에 잡히는 대로 읽게 하라. 그리고 음식 그릇이나 물잔만큼은 소독 여부에 관해 지나치게 따져라. 그러면 마음속

과 머리 속은 쓰레기 통이 되어 버리고 말 것이다.

　7) 자녀들 앞에서 될 수 있는 대로 어른들이 싸움을 많이 하라. 그러면 훗날 집안이 온통 깨어져 산산조각이 나도 아무렇지 않게 될 것이다.

　8) 아이들이 달라고 하는 대로 무제한 용돈을 주어라. 구태여 내가 어렸을 때 어렵게 산 것을 아이들에게 경험하게 할 필요가 있는가 하는 생각으로 자꾸 주어라. 그러면 아이들은 "나는 애써서 돈을 벌 필요가 없지 않은가?" 하고 생각할 것이다.

　9) 먹을 것 등 편하고 좋은 것을 원하는 대로 만족시켜라. 이렇게 함으로써 감각적 욕망을 빼지 말고 다 만족시켜 주어라. 그러면 이후에 한 두 가지라도 만족 못하게 되면 욕구 불만에 걸릴 것이다.

　10) 이웃이나 선생님들께나 순경에 대한 불평이 나올 때 무조건 아이 편을 들어 주어라. 그러면 그들이 자기들에게 편견을 가지고 있다는 인상을 줄 것이다.

　11) 아이들이 다른 사람에게 불량한 행동을 했을 때 부모가 대신 사과해 주어라. 그러면 자기의 허물이 남에게 있는 줄 알 것이다.

　12) 다른 사람이 슬픈 삶을 살기를 기대한다면 바로 그 아이가 차지할 것이다.

　자녀를 둔 가정이라면 어느 가정 무론하고 자녀들이 아무런 문제없이 잘 자라기를 소망합니다. 그럼에도 불구하고 오늘의 가정의 아이들은 그렇지 못함에 우리는 너나없이 안타까워합니다. 돌아보면 그 원인이 아이에게 있는 것이 아니라 어른에게 있다는 사실을 인지하면서도 우리는 우리의 아이들을 하나님 앞과 사람들 앞에서 사랑스럽게 자라도록 양육하지 못하고 있습니다.

「살며 사랑하며 배우며」의 작가 레오 버스카글리아의 가정에서는 식사 때마다 갖는 색다른 습관이 한 가지 있었다는데 그것은 부모와 자녀들이 서로 "나는 오늘 이것을 배웠다"라는 것을 나누는 발표 시간이었습니다.

오늘 어린이들의 버릇 없음은 십중팔구 그 원인이 부모의 과잉 보호에서 비롯된다고 교육학자들은 지적하는데 우리는 지금 자녀를 어떻게 양육하고 있습니까?

효도와 목회 (孝道와 牧會)

두 아들을 둔 어머니가 계셨습니다. 어머니는 늙어 할머니가 되었습니다.

큰 아들은 내노라 하는 회사의 사장이었고 둘째 아들은 작은 채소 가게를 운영하면서 그다지 넉넉하지 못한 살림을 살고 있었습니다. 잘 사는 큰 아들은 날마다 고기 반찬에 좋은 옷에 남부러울 것 없이 어머님께 잘해 드렸습니다. 그런데도 웬일인지 어머니는 큰 아들보다 둘째 아들 집에 더 자주 갔으며 그곳에서 지내는 것을 더 좋아하셨습니다.

어느 날 큰 아들이 어머니에게 물었습니다.

"어머니 왜 가난한 동생한테는 자꾸 가십니까? 자기네 먹고 살기도 바쁠텐데 어머니가 자꾸 가시면 더욱 부담스러울 것 아닙니까? 그리고 제가 좋은 옷을 해 드리고 맛있는 음식을 해 드리지 않습니까? 지금까지 제가 한 일이 마음에 들지 않으면 더욱 더 잘해 드릴테니 저희 집에서 편하게 지내셔요."

그러자 주름진 어머니의 얼굴에 미소가 가득 담기면서 말씀을 하셨습니다.

"애야 그건 모르는 소리다. 좋은 음식이나 옷이 나한테 무슨 소용이 있겠니? 네 동생은 밤마다 내 등을 긁어 주고 며느리는 내 다리를 주물러 주고 손주들은 그날 있었던 일들을 나한테 재미있게 들려주고 자기네 방으로 건너 간단다."

어버이 주일에 생각해 볼 이야기입니다.

좋은 옷, 좋은 음식, 효도관광, 호텔에서 열리는 어버이 잔치 같은 것들이 진정으로 부모님을 행복하게 해 드릴 수 있습니까?

해마다 어버이 주일이 되면 기억나는, 저로 하여금 목회를 더 잘하게 해 주신 분이 계셔서 늘 그분을 잊지 못합니다. 안동 Y교회를 시무할 때 해마다 어버이 주일 아침이 되면 G권사님은 카네이션 꽃 두 송이를 들고 목사관을 찾아 오셔서 목사와 사모의 가슴에 꽃을 달아 주시고 반드시 큰절을 하시곤 했었습니다.

처음에는 당황스럽고 이해할 수 없는 권사님의 행동에 어찌할 바 몰랐지만 한 해가 가고 두 해가 가면서 권사님의 진솔한 마음과 따뜻한 사랑을 몸으로 체득하기 시작했습니다.

"나이는 저보다 훨씬 아래지만 목사님은 교회의 어른 아닙니까? 교회를 가정으로 생각해 보면 당연히 목사님은 저희들의 신앙 생활에 있어서 아버지요 사모님은 어머니입니다. 제가 아이들에게 효도해라 말하기 전에 제가 몸으로 실천한 이후에 교회 학교 교사로서의 직무를 부끄럼 없이 수행할 수 있는 것이니 절 받으셔야 합니다."

아내와 함께 이 방 저 방으로 도망치면서 그럴 수 없다고 거절하다가 결국에는 권사님의 끈질긴 사랑의 요구에 저희 두 내외는 순종을 하게 되었고 그 때부터 해마다 우리는 어버이 주일 아침이면 정중하게 맞절을 하고 손을 잡고 양볼을 타고 흐르는 눈물을 닦을 줄 모르고 하나님 앞에 기도하고 감사했습니다. 그로부터 그 권사님은 10년 세월 함께 교회를 돌아보시면서 목사의 마음을 한 번도 아프게 한 일이 없었고, 남편 L장로님과 함께 저의 목회의 너무도 좋은 협력자가 되셔서 바울에게 있어서 브리스길라와 아굴라같이 함께 울고 웃으면서 목회를 기쁨으로 하게 했었습니다.

  저로 하여금 더욱 겸손하게 하셨고 더 좋은 목회를 하게 하셨던 권사님! 그래서 오늘도 저는 목회 현장에서 연로하신 어른들을 늘 저의 부모님으로 생각하면서 좀더 마음 편하게 남은 생애를 사시도록 애쓰고 기도합니다.

목회자의 아내들!

 감림산 기도원에서 주관하는 전국 여교역자 및 목회자 사모 세미나가 있어서 강사로 초대된 적이 있었습니다. 대성전을 가득 메운 여종들과 함께 기도하고 찬양하고 말씀을 전하면서 함께 기뻐하며 은혜를 나누었습니다.

천혜의 위치에 자리잡은 기도원은 울창한 숲으로 병풍처럼 둘렸고 산 중턱마다 기도하는 소리가 늦여름의 산하를 축복으로 가득 메워 가는 것을 느낄 수 있었습니다. 감림산 기도원에 올라오기만 하면 온몸과 마음이 주님의 사랑으로 충만해지는 것을 느끼면서 제 영혼이 주를 찬송하는 것을 항상 경험했습니다.

마지막 시간 강의를 끝내고 닫는 기도를 하기 전 찬양을 드렸습니다.

갈릴리 호숫가에서 주님은 시몬에게 물으셨네
사랑하는 시몬아 넌 날 사랑하느냐
오 주님 당신만이 아십니다.

사마리아 우물가에서 주님은 여인에게 물으셨네.
사랑하는 여인아 넌 날 사랑하느냐
오 주님 당신만이 아십니다.

감림산 기도원에서 주님은 나에게 물으셨네
사랑하는 임중아 넌 날 사랑하느냐
오 주님 당신만이 아십니다.

대성전 안을 조용하게 울려퍼지는 찬양 소리는 점점 눈물의 기도 소리로 바꾸어지기 시작했고 무릎 꿇어 두 손 들고 하나님을 향하여 기도하는 여인들은 너나없이 목메인 울음으로 기도하기 시작했습니다. 5분, 10분, 20분, 중단되지 않는 기도가 계속되면서 여인들은 결국 그동안 가슴 가슴 묻어 두었던 아픔과 슬픔, 그리고 온갖 내재되어 있는 것들을 쏟아 내기 시작하면서 몸부림들을 하기 시작했습니다. 얼굴은 눈물로 범벅이 되었고 하늘을 향한 목메인 소리는 가슴을 적셨습니다. 그들의 기도하는 모습을 내려다보면서 저도 더 이상 견딜 수 없어 그만 그들과 함께 울어 버리고 말았습니다. 하염없이 흐르는 눈물이 빗물처럼 흘러 내렸습니다.

저들의 울음 소리! 저 몸부림하는 기도 소리! 누가 저들의 가슴 가슴 맺혀져 있는 아픔과 슬픔의 소리를 들을 수 있습니까? 누가 저들의 아픈 가슴과 슬픈 마음을 위로하고 달랠 수 있습니까?

목회자의 아내로서 기쁨도 슬픔도 감추면서 살아왔던 그 여인들의 가슴의 소리를 저는 압니다. 저는 그들의 통곡하는 슬픔을 압니다. 저는 그들의 몸부림하는 아픔을 압니다. 목회자의 아내가 되어 여인으로서의 행복을 이미 잊어버리고 살아가는 사람들! 이름 좋아 목회자 사모이지 누가 저들을 이해하고 사랑하였던가? 누가 저들의 그 아픈 눈물을 닦아주었습니까? 30분, 40분! 그쳐지지 않는 그들의 기도 소리는 하늘을 적시고 있었습니다.

그렇게 기도가 계속되면서 하늘 문이 열리는 것을 저는 보았습니다.

주님이 그 여인들을 바라보시고 계심을 저는 보았습니다. 그들을 바라보시는 주님의 눈에도 눈물이 흐르고 있었습니다. 주님은 한마디 말씀도 없으셨지만 저는 수많은 말씀을 들을 수 있었습니다.
"내가 너를 사랑하노라."

목사님 힘을 내셔요

요즈음 성도님들이 그냥 흘리면서 하시는 한 마디 말도 저에게는 뼛속까지 파고드는 사랑으로, 고마움으로, 그리고 때로는 아픔으로 느껴집니다.

"왜 그렇게 흰 머리카락이 많아졌어요?"
"너무 얼굴이 수척하셔요."
"전처럼 파안대소(破顔大笑) 하시는 모습이 보고 싶어요."
"교육선교센터 건축 때문에 그러시죠?"
"목사님 힘을 내셔요. 저희들이 기도하고 있잖아요."

그렇습니다. 솔직히 말하면 잠을 이룰 수 없는 날이 많아졌습니다. 밥 맛도 잃은 지 오래 되었습니다. 때로는 몽유병 환자처럼 한밤중에 일어나 다시 잠을 이룰 수 없어 서재에서 새벽 기도 시간까지 생각하기도 하고 기도하기도 합니다.

"너희 염려를 다 주께 맡겨 버리라 이는 저가 너희를 권고하심이니라"(벧전 5:7)고 베드로를 통하여 주님이 말씀하셨는데, 아직도 저는 인간적인, 너무도 인간적인 겉사람의 옷을 벗지 못하고 고뇌해야 하는 이 어처구니없는 아픔에 저는 또 웁니다.

유다는 은 30에 당신을 팔고, 다른 사람은 다 떠날지라도 나는 주님을 떠나지 않겠다고 큰소리쳤던 베드로도 맹세하고 저주하면서 당신을 부인하고, 함께 살고 함께 죽겠다던 제자들마저 당신의 곁을 떠났을 때도 "아버지여 저들을 용서하옵소서"라고 기도하실 수 있었던 예수님의 마음과 그 때의 제자들을 생각해 봅니다.

그리고 지금 우리들을, 나를, 다시 생각합니다.

목사로, 장로로, 권사로 임직하기 전에는 온갖 미사여구(美辭麗句)를 쓰면서 헌신과 충성을 다짐했던 사람들이, 건강만 회복시켜 주시면 모든 것을 주를 위해 바치겠다던 사람들이, 이 어려움만 해결해 주시면 오직 주님 영광을 위해 살겠다던 사람들이 이제는 가인이 되어 "내가 내 아우를 지키는 자입니까?"라고 안색이 변해 버리는 슬픈 현실을 우리는 종종 목도(目睹)합니다.

지금도 주님은 우리들에게 온갖 것을 다 주시는데, 내가 필요할 때 주님 앞에 나아와 필요를 구했을 때 거절하시지 않으셨는데, 아니 때로는 내가 생각도 못할 축복으로 나의 삶과 환경을 바꾸어 주셨는데, 우리는 지금도 유다처럼, 베드로처럼 오늘을 살아가고 있는지도 모릅니다. 그러면서도 뻔뻔스럽게 주님의 일을 한다고, 주님의 종이라고, 주님의 축복을 받은 자녀라고, 그래서 자기 도취에 빠져 주님 앞에 가장 의로운 자로 자처하는 어처구니없는 모습을 봅니다.

주님이 십자가를 짊어지시고 골고다 언덕을 오르실 때 흐르는 땀과 피를 닦아 주었던 그 사람, 물 한 그릇 건네주었던 그 사람은 오늘 어디에 있습니까? 주님이 쓰시겠다고 하실 때 아무 말 없이 나귀를 내주었던 벳바게 나귀 주인은 어디에 있으며, 예수님의 발에 향유를 붓고 눈물을 흘리면서 자신의 머리카락으로 주님의 발을 닦았던 여인은 어디에 있으며, 유월절 마지막 만찬을 위해 방 한 칸을 내 주었던 그 사람은 오늘 어디에 있으며, 주님이 더 이상 짊어지실 수 없었던 십자가를 대신 짊어졌던 그 사람은 오늘 어디에 있습니까?

그리고 저희 교회에서 세우는 교육선교센타 건축을 위해 함께 기도하고 거짓 없는 진솔한 마음으로 그 은혜 감사하여 눈물 흘리면서 벽돌 한장을 함께 쌓아올릴, "너의 일"이 아닌 "나의 일"로 생각하는 그 성도는 오늘 어디에 있는지 묻고 싶습니다.

젖은 눈으로 새벽 하늘을 올려다 보며 기도하는 마음으로 다시 생각해 봅니다.

2

"신은 부서진 것들을 사용하신다"는 옛 히브리 격언이 있습니다.
흙이 부서져서 곡식을 냅니다. 곡식이 부서져 빵이 됩니다.
빵이 부서져 우리 몸의 에너지가 됩니다.
포도주도 향수도 잘 부서져서 만들어집니다.
사람도 원숙한 인격을 갖추려면
충분히 부서지는 과정을 밟아야 함을 깨닫게 해 줍니다.

21세기의 리더가 되라

저는 오늘 청년들에게 21세기의 리더가 되라는 메시지를 남기고자 합니다.

하나님은 하나님의 거룩하신 뜻을 이루어 나가시는 데 있어서 가장 중요한 위치에 특별히 사람들을 세워서 그 사람들을 중심으로 하나의 역사(a history-His story)를 전개해 나가십니다.

이 역사에 나타난 어떤 흐름의 큰 줄기를 볼 수 있는 사람은 하나님의 주권과 섭리를 볼 수 있을 뿐 아니라 하나님이 하시는 일에 하나의 도구로 쓰임을 받게 됩니다. 분명한 것은 그 같은 사람은 아무나 되는 것이 아니라는 사실입니다. 그러기에 저는 오늘 이 지면에 21세기 주역이 될 청년들에게 메시지를 남기고자 하는 것입니다.

역사에는 선한 일을 위해 세움받은 일꾼들이 있는가 하면 재앙의 날을 위해 존재하는 악인들이 있습니다. 말할 것 없이 이 글을 읽는 청년들은 역사의 중앙에서 선한 일을 위해 세움받는 주인공들이 되기를 기대합니다.

그렇다면 21세기의 주역이 될 리더는 누구이며 그들이 수행할 리더십이란 무엇입니까? 영어 Leader의 스펠링 여섯 자의 첫머리 글자로 그 의미를 생각해 봅니다.

L(Learner) = 배우는 사람입니다. 21세기 역사의 주역은 성경을 많이 배우고 겸손의 도리를 배우고, 학문은 물론 사람들을 통하여 많은 것을 배워야 합니다.

E(Educator) = 가르치는 사람입니다. 왜 교육을 시켜야 하는지, 무엇을 교육해야 하는지, 어떻게 교육해야 하는지, 누구에게 교육을 해야 하는지를 알고 가르쳐야 합니다.

A(Administrator) = 행정가입니다. 즉, 다스리는 사람입니다. 무엇보다도 자기를 먼저 잘 다스리는 지혜가 있어야 지도자가 될 수 있습니다.

D(Doer) = 실천하는 사람입니다. 言行一致, 學行一致, 信行一致는 진정한 지도자의 삶의 자세입니다. 이것은 신앙인의 삶의 본질입니다.

E(Encourager) = 격려하는 사람입니다. 실패를 성공으로, 절망에서 희망으로 전환시키는 힘이 격려입니다. 진정한 지도자는 무엇보다도 자신을 살피는 데서 따르는 자를 격려할 수 있습니다.

R(Reviewer) = 재검토하는 사람입니다. 앞으로 나아가는 것만이 능사는 아닙니다. 훌륭한 지도자는 항상 자신의 삶의 내용부터 재검토하는 지혜자입니다.

저는 넉넉한 환경의 행복과 아름다움을 맛보지 못하고 청년의 때를 보냈습니다

허기진 배를 채우기 위해 개울가에서 흐르는 물을 마시면서 역사의 흐름을 깨달았습니다. 병든 육신을 가누지 못하여 비틀거리면서 솔잎에 맺힌 이슬을 혓바닥으로 핥으면서 자연의 숨소리를 들었습니다. 배우기 위하여 피를 팔며 단어장 한 권을 손에 들고 몸을 가누지 못하고

논두렁에 쓰러지면서 하나님의 음성을 들었습니다. 그리고 역사의 줄기를 보는 눈을 가느다랗게 뜨기 시작하여 오늘에 이르렀습니다. 그리고 지금 저는 교회와 사회의 Leader의 위치에 있지만 지금도 모든 면에서 부족한 것뿐입니다.

그럼에도 제가 지금 청년 여러분에게 메시지를 여기에 기록하는 것은 역사를 섭리하시는 하나님의 손길을 여러분보다 좀 먼저 보았고 깨달았고 경험했다는 것 하나일 뿐입니다. 저는 여러분을 사랑합니다. 21세기의 리더가 되십시오.

가정과 교육

 제주도에서 목회를 하고 있는 동역자 K목사가 언젠가 들려준 이야기가 있습니다. 제주시의 행정 가운데 가장 골머리 아픈 것이 육지에서 늙으신 부모를 제주도에 모시고 와서 내버려두고 간 그 노인들 대책 문제라는 것입니다. 그렇게 이 땅의 어버이들은 자식들에게 버림을 당한다는 아픈 이야기입니다.

언젠가 텔레비전에서 외국 사람이 우리나라의 부모 없이 버려진 아이들을 입양해 가는데 하필이면 말도 제대로 하지 못하고 제대로 활동도 하지 못하는 지체부자유 정신박약아를 입양 신청하였을 때 기자가 "좋은 아이도 많은데 왜 하필이면 이런 아이를 입양하느냐"고 질문을 하자 "이 아이도 하나님의 사랑을 받을 자격이 있습니다"라고 가슴에 젖어 드는 진한 인간애를 표현하는 것을 시청하면서 그 음성이 제 가슴에서 지워지지 않고 지금까지 더욱 진하게 제 마음과 생각에 채색되어집니다.

가정은 인간의 최초의 학교이며, 부모는 인간 최초의 스승이라는 말이 있습니다. 가정에서부터 말을 배우고, 예절을 배우고, 의식구조에 관한 기본 습관을 배우고, 인간의 도덕을 배우고, 문화와 전통을 배우고, 가치관을 배우고, 생활 방식을 배웁니다. 그래서 교육 중에 가장 중요한 교육이 가정 교육이라 합니다. 맹모삼천지교(孟母三遷之敎)는 가정 교육의 중요성을 말해 주는 것입니다.

일본에서는 '오아시스' 운동이 있습니다. 이것은 가정에서부터 시작되는 운동입니다. 이 운동은 일본을 선진국으로 만드는 원동력이 되기도 합니다.

'오'는 '오하요 고자이마스' (안녕하십니까?)입니다.
'아'는 '아리가도오 고자이마스' (감사합니다)입니다.
'시'는 '시쓰레이 시마시다' (실례했습니다)입니다.
'스'는 '스미마센' (죄송합니다)입니다.

일본의 부모들은 자녀들에게 제일 많이 하는 이야기가 "남에게 폐를 끼치는 일이 없도록 하라"입니다. 일본 관광을 다녀온 사람이라면 너나 없이 경험했을 일이지만 일본인들의 인간 관계는 철저하게 남에게 폐를 끼치지 않는 생활이 몸에 배어 습관화되어 있습니다.

미국의 부모들은 자녀들에게 제일 많이 하는 이야기가 "남과 나누어 가지라"입니다. 이와 같은 가정에서부터의 교육이 미국인들로 하여금 자원 봉사 정신이 몸에 배이게 했고 나눔의 삶을 실천하게 한 원인이 되었습니다.

자존심 상하고 가슴 아픈 이야기지만 한국의 부모들이 자녀들에게 가장 많이 하는 이야기는 "빨리 빨리" "공부해라" 입니다. 그래서 수학 실력이 세계에서 2위가 되었지만 노벨상 하나 없고, 빨리 빨리가 삼풍백화점 붕괴 사고도 냈고, 지하철 사고도 냈고, 다리가 무너지는 우스운 일이 여기 저기서 일어났고, 무궁화 위성을 빨리 띄웠고 결국 실패했습니다. 만사가 이렇게 우리의 삶을 허망하게 만들어 가는 교육의

장이 가정에서부터라는 사실을 우리는 어떻게 받아들여야 합니까?

건전한 가정은 건전한 국가 건설의 기본입니다. 가정은 인간의 성격 형성의 가장 중요한 장소입니다. 가정은 인생의 온실입니다. 인간의 첫째 학교입니다.

해마다 오는 5월을 맞으면서 우리의 가정이 예수 그리스도의 말씀으로 교육되어 천국의 광명한 빛이 드리워지기를 기도합니다.

IQ와 EQ

아셀 나임 전 주한 이스라엘 대사가 쓴 유태인 육아 비법을 담은 'IQ 100의 천재, IQ 150의 바보'가 출간되었습니다. 한국 영재 학회 이사회 회장과 공동 집필, 조선일보사에서 출간된 이 책은 제목대로 IQ 150의 천재를 바보로 키우는 한국의 엄마들이, IQ 100의 아이를 천재로 키우는 유태인들로부터 귀담아 들어야 할 지혜를 담은 육아 실용서입니다.

나임 대사는 "만 6세까지의 교육이 특히 중요한데 이 시기의 교육은 학교가 아니라 부모가 집에서 해야 하는 것"이라고 주장하면서 가정에서의 교육이 얼마나 중요한 것인가를 깨우치고 있습니다.

실제로 전세계 인구의 0.3%밖에 안 되는 유태인들이 노벨상 수상자의 30%를 차지하는 비결은 교육임을 우리는 알고 있고, 그 유태인의 교육이란 말할 것 없이 신명기 6:4-5을 내용으로 하고 있다는 것을 우리는 잘 알고 있습니다.

그럼에도 한국의 기독교 가정에서는 어릴 때 하나님을 경외하는 교육을 뒤로 하고 일반 학원으로부터 시작하여 정말 IQ 150의 아이들을 바보로 만들어 가고 있다는 충격적인 사실을 누가 부인할 수 있겠습니까?

최근 들어 미국을 중심으로 '정서 지능'에 대한 관심이 높아 가고 있다는 기사를 읽은 적이 있습니다. 정서 지능이란 말은 「뉴욕 타임즈」의 과학 전문가인 대니얼 골먼이 '정서 지능'(Emotional Intelligence)이란 책에서 밝힌 개념으로서 '타인의 감정을 읽고 그 감정에 맞춰 대화하고 타협하는 능력'을 뜻합니다. 정서 지능은 자신의 감정을 읽는 능력, 자신의 감정을 관리하는 능력, 부여하는 능력, 타인의 감정을 읽는 능력, 대인 관계 능력으로 구성되는 것입니다. 이 능력을 잘 발휘하는 사람이 그만큼 성공할 확률이 높지만 반대로 저조한 사람들은 성공할 확률이 적어진다는 것이 골먼 박사의 주장입니다.

이같은 정서 지능을 측정한 것이 EQ(Emotional Quotient; 정서 지수)입니다. 그런데 중요한 것은 이 EQ는 IQ(Intelligence Quotient)와 달리 숫자로 나타내기가 어렵다는 것입니다. 다시 말하면 감정이란 그만큼 객관화하기 어렵고 측정하는 일 또한 포괄적이고 종합적일 수밖에 없기 때문입니다. 그러나 성격, 행동 등을 통해 그 사람의 EQ를 예측할 수 있는 것입니다.

우리가 생활하면서 분명하게 알아야 할 것은 IQ는 어릴 때, 즉 4세 이전에 80%가 형성된다고 하는데 EQ는 IQ처럼 어릴 때 형성되는 것이 아니라는 것입니다. EQ는 성장하면서 계속 높여 갈 수 있는 것입니다. 그 성장 과정의 가장 좋은 때가 어떤 때겠습니까? 말할 것 없이 신앙 생활을 잘하는 가운데 형성되는 것이 EQ라고 저는 주장을 하고 싶은 것입니다.

EQ가 높은 사람일수록 사회성이 있고 대인관계가 원만하며, 모든 일을 처리함에 있어서 능동적이고 따라서 그 삶의 내용 자체가 기쁨과 감사함으로 충만한 가운데 성공적인 결과를 가져올 수밖에 없을 것입니다.

그럼에도 불구하고 아직도 우리 사회는 IQ순서대로 사람의 우열을 매기고, IQ가 그 사람의 모든 것을 대변하는 것처럼 보편화되고 있다는 사실이 안타까울 뿐입니다. 물론 EQ의 효율성에 관해서 학설로 정립된 것이 아닌 상황에서 EQ가 성공의 열쇠인 양 말하지는 못하겠지만 1등만이 살아남는 치열한 경쟁 사회, 인간 관계의 대화가 거부되는 듯한 뉴미디어 사회, 갈수록 원자화되는 핵가족 내부를 들여다 볼 때, 그리고 더불어 살아가는 공동체는 IQ가 아니라 EQ에서 나올 것을 생각해 볼 때, 분명한 것은 우리의 삶의 중심에 EQ가 더욱 필요함을 절감합니다.

월드컵 축구

 그처럼 온 국민이 열망하던 2002년 월드컵 축구는 한국과 일본에서 공동 개최하는 것으로, FIFA(Federation Internationale de Football Association)의 만장일치로 확정되었습니다.

 국민의 한 사람으로서 물론 단독 개최를 유치할 수 없게 된 아쉬움은 남지만 공동 개최로 말미암은 유익함도 얼마든지 있다는 것을 우리는 생각할 수 있습니다. 먼저 20세기의 지구촌의 갈등을 말끔히 씻고 세계 평화에 기여할 수 있다는 것이며, 무엇보다도 지구촌의 유일한 분단국가로 남은 우리 나라의 남북 통일과 평화를 한 발자국 당길 수 있다는 기대감입니다.

 그리고 한국이나 일본이나 월드컵 축구 유치에 온 국력을 쏟아 왔는데 어느 한쪽이 유치 실패로 말미암아 겪게 될 충격을 극소화하고 양국이 상호 공존, 공영의 의미를 생각해 본다면 한, 일 공동 개최는 양국의 축복이며 인류 평화에 더 없는 축제가 아닐 수 없습니다.

 온 국민이 그처럼 열망했던 지구촌 평화와 화합의 축제라 일컫는 월드컵 축구 유치를 위해서 수고를 아끼지 않은 관계자 여러분들과 모든 국민이 함께 기쁨을 가지면서 우리가 조심스럽게 소망하는 것이 하나 있습니다.

 88올림픽을 유치했을 때 온 국민이 감격하여 손에 손을 잡고 갈등과 적대와 온갖 힘의 낭비를 불러 일으켰던 의미 없는 대립의 소모적 상황이 한꺼번에 말끔히 사라지고 2,000년대를 향한 희망을 안고 화합의 장을 열었습니다. 그런데 그렇게 성공적으로 88올림픽을 치르고

난 이후, 우리는 그 희망과 국가 역사에 더 없는 부강 국력의 기회를 잃어버린 것입니다. 또다시 정치는 대치 상황으로, 경제는 곤두박질로, 학원은 또다시 아무런 의미도 없는 시위 현장으로, 사회는 그렇게 하나 되어 지켜지던 질서가 무질서로 변해 버렸습니다. 그리고 무역적자국에서 무역흑자국으로, 말로만 일컫는 것이 아니라 실제로 선진국으로 진입할 수 있는 더 없는 국가적 축복의 기회가 어처구니없이 곤두박질해 버린 역사적 상황을 우리는 기억하고 있습니다.

때문에 이번에 유치 확정된 월드컵 축구를 지난번 88올림픽 유치와 대회를 치르고 난 이후처럼 악순환을 되풀이하지 않기를 기도하는 것입니다.

그러기 위하여 마주 달리는 기차가 멈출 줄 모르고 달리다가 엄청난 사고를 낼 수밖에 없는 듯한 요즈음의 정치권이 대화와 건전한 정치적 협상을 통하여 우선 화합의 장을 열어야 합니다. 대다수 국민은 그것을 보고 싶고 소망하는 것입니다. 국력 낭비와 힘의 소모전과 같은 저질스러운 정치 현장을 보다 차원 높은 정치철학의 빗자루로 말끔히 씻어 버리고, 국가 발전과 민생을 위한 정치를 위하여 의사당 안에서 정책 토론을 벌이고 칼날 같은 예리한 질문과 답변으로 오늘날 정치 현장이 보다 아름답고 믿음직스럽기를 국민들은 희구하는 것입니다.

2002년 월드컵 축구 대회가 얼마 남지 않았습니다. 지금부터 정부와 국민이, 여당과 야당이, 노동자와 사용자가, 그리고 온 사회 구석구석의 모든 분야에서 머리 맞대고 국력의 신장과 국가 발전을 위한 더 없는 기회를 잃지 않고 의논하고 연구하는 화합의 아름다움이 이루어져야 할 때입니다. 그것은 개인적 욕심과 집단 이기주의에서 벗어날 때 가능한 일입니다. 이를 위하여 교회와 그리스도인들이 먼저 앞서야 하고 실천해야 할 것입니다. 기독교 정신은 이기주의에서 이타주의로, 받는 것에서 주는 것으로, 이해와 용서와 관용과 화해와 사랑을 실천하는 것입니다.

무엇이 사랑입니까?

 인생에서 가장 소중한 것은 사랑입니다. 인간의 육체는 성장을 위하여 빵이 필요하지만 정신의 성장, 인격의 성장에는 사랑이 필요합니다. 햇빛을 받지 못하면 화초는 시들어 버리듯 인간이 사랑을 받지 못하고 자라면 온전한 인격이 형성되지 못하게 됩니다.

영국의 사회주의자이며 협동조합 운동의 창시자인 로버트 오웬의 말이 생각납니다. "인간의 성격은 환경에 의해서 결정된다. 그러므로 좋은 성격 형성을 위하여 좋은 환경과 훈련을 유아 때부터 주어야 한다"는 말입니다.

인간 생활에서 가장 좋은 환경은 사랑이 충만한 환경이며 가장 좋은 훈련은 사랑의 훈련입니다. 인간 성격 형성에 유전과 환경과 교육의 삼대 요소가 동시에 복합적 작용을 하지만 그 중에서도 환경의 힘은 크며 그 환경이 사랑의 환경이 되어야 바람직한 인격이 형성되어 성장할 수 있습니다.

제가 국민학교 6학년 때, 집안이 너무 극빈하여 20리 길을 통학하면서 도시락을 지참하지 못하는 날이 더 많았으며, 그나마 어머니가 준비해 주시는 도시락은 감자를 삶아 밀가루와 버무린 소위 감자 범벅이라고 불리는 것이었습니다. 어느 날 그것이 창피하여 갖고 가지 않겠다고 울면서 그냥 학교로 갔는데 오전 넷째 수업 시간 중에 뒷문이 열리면서 어머니의 얼굴이 교실 안으로 들어 왔습니다. 그 당시만 하더라도 왜 그리 부끄러웠는지 일어나 인사도 못하고 얼굴이 홍당무가 되어 있는데 선생님은 어머니가 갖고 오신 도시락을 제 책상 안에 넣어 주셨고 어머니는 그냥 집으로 돌아가셨습니다. 보나마나 감자 범벅이 틀림없을 도시락을 뭣 때문에 20리 길을 달려 갖고 오셨는가라는 생각을 하면서도 행여나 싶어 도시락 뚜껑을 열어본 순간 깜짝 놀랐습니다. 거기에는 감자범벅이 아닌 하얀 쌀밥이 들어 있었던 것입니다.

　지금도 그 일은 잊혀지지 않습니다. 어머니가 하루하루 벌어서 생계를 이어가는 우리 가정인데 그날은 남의 일도 가시지 않고 어디서 구하셨는지 쌀밥을 준비하셔서 20리 길을 걸어 자식에게 도시락을 전해 주신 저의 어머니! 어머니는 벌써 하나님의 나라에 가셨지만 어머니의 사랑은 지금도 저와 함께하고 있음을 날마다 체험하면서 살아갑니다.

　아! 그 어머니 같은 사랑이 지금 저의 목회 현장에 과연 있는지 자문합니다.

　자식의 투정도 한아름으로 감싸 안으시고 틀림없이 남의 집 문전에서 애걸하여 얻으셨을 쌀로 밥을 지어 20리 길을 오셨던 어머니의 그 사랑이 제 가슴에 있기에, 제 가슴에 그 사랑으로 채워 오늘을 살아 왔습니다. 그리고 그 사랑이 필요한 사람들이 다가왔을 때 아낌없이 사랑을 쏟아 부었습니다. 그런데 왜 제 가슴에는 이렇게 아픔의 상처만 남습니까? 진실이 진실로 통하지 않는 오늘을 살면서 끝이 보이지 않는 황량한 사막에 선 허전함은 어디에서 달랠 수 있습니까?

　사랑은 하나의 배려요 관심이기에 상대방의 현실을 본체만체하지 않습니다. 사랑은 책임이기에 상대방의 부름에 응답할 줄 아는 것입니다. 사랑은 상대방을 존경하고 존중하는 것이기에 자기 중심의 이기주의가 아닌 이타주의의 삶이 가능합니다. 사랑은 이해하는 것이기에 상대방의 모든 것을 수용하고 이해합니다. 사랑은 주는 것이기에 나의 모든 것을 아낌없이 주는 것입니다. 그렇게 모든 것을 주고도 돌아오는 것이 목놓아 울어도 시원찮을 아픔일지라도 사랑은 그 아픔까지도 받아들입니다. 그렇게 아파 아파 모든 것이 찢기어져도 사랑은 자기 변명을 하지 않습니다. 그렇게 죽어 가면서도 사랑은 너를 위해 기도하는 것입니다.

　타고르가 남긴 "위대한 날은 사랑의 날이다"라는 말을 되새기며 어머니의 사랑을 그리워하면서 또 한편으로 그 사랑으로 오늘을 살아갑니다.

나만 있고 우리가 없다

 지난 주간 K일간신문 1면에 '나만 있고 우리가 없다' 는 머리 기사가 실렸습니다. 내용은 두 단원으로 실렸는데 첫째는 정치권의 여당과 야당의 대결 격화의 사진과 국회 파행에 관한 내용과 함께 국회의원들의 저질스러운 추태였으며, 둘째는 노사 협상 진통에 관한 기사였습니다.

국회의원들의 저질스러운 정치 행태는 이 나라 국민이라면 하루 이틀이 아닌 당연시(?) 되고 있는 답답하고 짜증나다 못해 불안하기 조차한 슬프고 애석한 이 나라 정치 현장으로 우리는 인지(認知)하고 있는 사실이며, 노·사(勞·使) 또한 시민 생활이나 국가경제 같은 것은 안중에도 없이 제 몫 키우기에 급급하여 파업, 폐업이라는 극단적인 용어가 쉽게 사용되는 이 나라 기업의 현주소를 생각하면 언론이 보도하는 총체적 난국이라는 말이 그냥 듣고 흘러 넘길 말이 아니라는 생각을 하게 됩니다. 한 마디로 '나만 있고 우리가 없다' 는 표현이 적절한 오늘의 시국 상황을 우리는 두려운 마음으로 보고 있습니다.

업(業)을 산스크리트 말로 '카르마'(karma)라 합니다. '카르마' 는 업(業)과 동시에 업력(業力)을 뜻합니다. 인간의 행동은 행동으로만 그치는 것이 아니라 반드시 선악(善惡)과 고락(苦樂)의 행불행(幸不幸)의 결과를 가져오는 것입니다. 업이 인과사상(因果思想)과 결합하여 인도 사상의 중심 원리가 된 것입니다.

오늘을 살아가는 많은 사람들이 모두 자기를 위해 업을 쌓습니다. 자기를 위해 쌓는 업이 선업(善業)이면 그래도 그것이 '우리'에게 선한 영향을 미치겠지만 악업(惡業)이 될 때 '우리'는 파멸하게 되는 것입니다. 이 땅의 모든 사람이 개인주의적 업을 쌓으면서 살아갑니다.

그런데 기독교 사상은 개인주의적 업이 아닙니다. 언제나 기독교의 중심 사상은 '우리'였습니다. 예수님은 이를 위해 오셨고 사셨고 죽으셨습니다. 그리스도의 가르침을 따라 살아가는 사람이 그리스도인이라면 우리의 삶의 내용은 당연히 '우리'의 울타리를 든든히 할 수 있는 삶이어야 하는 것입니다.

마틴 부버(Martin Buber)가 그의 저서 '나와 너'(Ich und Du; I and Thou)에서 인간의 근원어인 '나너'(Ich-Du) '나그것'(Ich-Er)을 정의하면서 인간 생활의 두 가지 근본적으로 다른 질서, 곧 하나는 '나너'의 근원어에 바탕을 둔 참다운 대화(Dialog; Dialogue)가 이루어지는 인격 공동체이며, 다른 하나는 다른 사람을 자기의 욕망을 충족시키기 위한 수단, 곧 '그것'으로 밖에는 보지 않는 '나그것'의 근원어에 바탕을 둔, 오직 독백(Monolog; Monologue)만이 이루어지는 집단적 사회를 정의했습니다.

오늘날 무서운 힘으로 인간을 '그것'으로 만들어 가는 현대의 기계문명과 산업 사회 속에서 극단의 이기적인 개인주의와 권위주의가 횡행하는 이 때, 자기를 잃어버리고 고독에 우는 인간이 진정한 자기를 회복하고 참된 인격적 공동체를 이루어가는 데 있어서 중요한 것은 '인격적 만남과 대화의 사상'임을 부버는 강조했습니다. 이것이 "나만 있고 우리가 없다"는 오늘을 살아가는 우리에게 주는 의미는 참으로 크고 귀중한 것임을 새삼 생각하게 됩니다. 진정한 삶의 의미는 '너'와의 올바른 관계에서 '우리와의 관계'가 이루어지며 비로소 '영원한 너'(하나님)와의 관계에 들어가게 되는 것입니다. 이것이 그리스도인의 삶입니다.

시간에 대한 의무

 내가 나를 보는 것을 자아관(自我觀, self image), 또는 자아개념(自我槪念, self concept)이라 합니다. 인간의 자아관에는 부정적 자아관과 긍정적 자아관이 있습니다. 자기 관리를 긍정적으로 할 수 있는 사람이 성공적인 삶을 살아가게 됩니다. 성공적인 자기 관리를 할 수 있는 사람은 다음 몇 가지 요건을 성실하게 실천함으로써 가능합니다.

그 첫째가 자기 자신에 대한 올바른 이해며, 둘째는 자기를 사랑하는 것이며, 셋째는 자기에게 주어진 시간을 다듬는 것이며, 넷째는 자기를 온전하게 헌신하는 것입니다. 그 가운데 자기에게 주어진 시간을 다듬는 것은 일상 생활의 지혜이며 덕입니다. 다시 말하면 시간에 대한 의무를 말하는 것입니다.

어떤 사람이 어느 날 이상한 전화를 받게 되었습니다. 이 전화는 은행에서 걸려 온 전화였습니다. "당신 앞으로 어떤 사람이 1,440만 원을 우리 은행에 예금해 놓았습니다. 그런데 당신은 오늘 반드시 이 돈을 쓰셔야 합니다. 조건은 없습니다. 그러나 유익하게 쓰십시오." 이 사람은 어리둥절하며 별일도 다 있구나 생각하면서 하루를 보내다가 1,440만 원을 써 보지도 못했습니다. 그런데 그 이튿날 아침에 또 전화가 걸려 왔습니다. "당신 앞으로 또 1,440만 원이 입금 되었습니다. 그런데 어제 입금된 돈은 당신이 쓰지 않았기 때문에 주인이 도로 찾아갔습니다. 그런데 오늘 입금을 하신 그분은 당신이 그 돈을 찾아가서 쓰시면 당신 것이라고 말했습니다. 유익하게 쓰시기 바랍니다." 두 번째 날은 조금 미심쩍어 하면서도 은행에 가서 그 돈을 찾아서 "에이, 기분이나 한번 실컷 내 보자" 하며 그 돈을 다 썼습니다.

그 다음날 또다시 전화가 왔습니다. 그래서 그 사람은 또 돈을 찾아 기분 좋게 다 썼습니다. 이런 일이 매일처럼 반복되었습니다.

그런데 그 사람은 매일 돈을 찾아 쓰면서 기분은 좋았지만 마음속에 자꾸만 불안이 생기기 시작했습니다. "어느 날 갑자기 이것이 딱 멈추어 버리면 어떻게 될까?" 그런 불안이 생기기 시작했습니다. 그러면서 1,440만 원에 대한 생각을 자꾸만 하게 되었습니다.

하나님은 우리 모두에게 하루 24시간을 주셨습니다. 그 24시간을 분으로 환산하면 1,440분이 됩니다. 하나님은 우리에게 1,440만 원은 주시지 않았지만 1,440분은 주셨습니다. 우리는 그것을 마음대로 할 수 있습니다. 마음대로 그 시간을 사용할 수 있지만 하나님은 우리에게 그 시간을 유익하게 사용할 수 있도록 우리 모두에게 공평하게 맡겨 주셨습니다.

그러나 우리가 기억할 것은 그것이 매일같이 반복만 되어지는 것이 아니라 어느 날 갑자기 중단될 수 있다는 사실입니다. 그것은 곧 이 땅에서의 시간의 끝이 되는 것입니다.

그렇다면 우리는 오늘 우리에게 주어진 1,440분이라는 시간이 얼마나 중요한 것임을 새삼 깨닫지 않을 수 없으며 참으로 유익하게 사용해야 함을 생각하게 됩니다. 시간에 대한 의무는 인간 생활의 거룩한 사명이기도 합니다.

무엇을 위해 살 것인가?

 프랑스의 문호 빅토르 위고는 인생을 전쟁에 비유했습니다. 산다는 것은 싸우는 것이라는 것에서 갈파했습니다.

영국의 문호 윌리암 세익스피어는 인생을 연극에 비유했습니다. 인간은 세계라는 무대 위에서 자기에게 맡겨진 역할을 수행하는 의미에서 갈파했습니다.

어떤 이는 인생을 농사에 비유했고, 어떤 이는 인생을 일장춘몽에 비유했고, 어떤 이는 인생을 예술에, 어떤 이는 인생을 여행에 비유하기도 했습니다.

오늘을 살아가는 우리들이 무엇보다도 근본적인 삶의 질문 하나를 받는다면 "우리는 무엇을 위해 살 것인가?"입니다.

한 농가의 부인이 수술을 하기 위해 병원에 입원을 했습니다. 수술 후 병원비가 많이 나왔고 아들은 병원비를 낼 수 없어 어쩔 수 없이 소를 팔아서 병원비를 지불해야 했습니다. 집에 돌아온 어머니는 외양간에 소가 없는 것을 보고는 기절을 하고 말았습니다. 어머니는 병원에 다시 입원해야 했고, 산소 호흡기를 해야 하는 등 더 중하게 오래 치료를 받으며 병원에 있어야 했습니다. 한 달 가까이 입원을 한 후 퇴원하는 날, 모든 사정을 잘 알고 있던 간호 과장이 아들에게 "이번에는 무엇을 팔았습니까?"라고 묻자 아들은 집을 팔아서 다시 그 집에 세 들어 살게 되었다고 말했습니다. 실제로 있었던 슬픈 이야기입니다.

예컨대 이런 사람들에게 "무엇을 위해 살 것인가?"라고 묻는다면 그

물음 자체가 사치스러운 것이 될 수 있습니다. 왜냐하면 인생의 의미를 생각할 마음의 여유를 가지고 있지 못하기 때문입니다. 그렇게 살다가 죽을 거라고 체념하고 있을지도 모릅니다.

사람이 사람으로 태어나 사람답게 살아가는 길!
예기(禮記)에 나오는 '玉不琢 不成器 人不學 不知道' 즉 구슬은 갈지 않으면 그릇이 될 수 없고 사람은 배우지 않으면 옳은 길을 갈 수 없다는 말처럼 그 길을 가기 위하여 우리는 학도(學道), 수도(修道), 구도(求道), 행도(行道)를 합니다.
그리스도인에게 있어서 "무엇을 위해 살 것인가?"에 대한 대답은 분명합니다. "오직 하나님의 영광을 위하여"이며 바울은 이를 깨달아 "먹든지 마시든지 무엇을 하든지 다 하나님의 영광을 위하여 하라"고 권면을 했습니다.

"무엇을 위해 살 것인가?" 하는 물음은 분명히 삶의 의미를 묻고 있는 동시에 사람이 사람답게 살기 위해서는 어떻게 살 것인가 하는 뜻도 담고 있습니다. 우리가 사람인 이상 사람답게 산다는 것이 보람도 있고 의미도 있고, 또 기쁨도 있습니다. 사람답게 사는 길이 무엇인가를 놓고 하루에 5분씩이라도 생각하면서 살아간다면 우리는 분명히 하루하루를 뜻깊게 살아갈 것이고 우리 사회는 더욱 인간적인 사회로 변화될 것입니다.
피타고라스는 "이 세상에서 가장 중요한 일은 인생을 어떻게 살아야 되는가를 가르쳐 주는 일"이라 했는데 그렇다면 우리는 '오늘'을 어떻게 살아야 하겠습니까?

성경은 이에 대하여 분명하게 우리에게 대답을 들려 줍니다.
"우리가 살아도 주를 위하여 살고 죽어도 주를 위하여 죽나니 그러므로 사나 죽으나 우리가 주의 것이로라"(롬 14:8) 아멘.

진정한 칭찬

 젊은 피아니스트 한 사람이 처음으로 대중 앞에서 연주를 하게 되었습니다. 잘 훈련된 그의 손가락을 통하여 아름다운 음악이 흘러나오자 청중은 완전히 매료되었습니다. 사람들은 잠시도 눈을 떼지 않고 이 젊은 피아니스트를 지켜보고 있었습니다.

연주가 끝나자 청중은 우레와 같은 박수를 터뜨리며 다 일어섰습니다. 그러나 맨 앞줄에 앉은 노인 한 사람만은 예외로 그냥 앉아 있었습니다. 그 피아니스트는 고개를 떨어뜨린 채 무대에서 걸어 나갔습니다. 무대 감독은 그의 연주를 칭찬했습니다. 그러나 젊은이는 대답하기를 "전 잘하지 못했습니다. 실패한 거예요." 무대 감독이 다시 말했습니다. "저 청중을 보십시오. 한 늙은이를 제외하고는 모두 일어서 있지 않습니까?" 그 젊은이는 침통하게 대답을 했습니다. "그렇습니다. 바로 저 노인이 저의 선생님이십니다." 수많은 청중들의 우레 같은 박수도 이 젊은 피아니스트에게는 자기를 가르친 선생님의 칭찬 한 마디만 못했습니다.

우리들은 신앙 생활을 하면서 사람들에게 칭찬받기를 좋아합니다. 그것이 나쁘다는 것은 아니지만 사람들이 우레같은 박수를 받으면서도 정작 주님에게는 칭찬 한 마디 듣지 못한다면 그것이 무슨 의미가 있는 것일까 생각해 봅니다.

저는 목회를 하면서 교인들과 개인적인 관계는 부드러우면서도 공적인 면에서 칭찬하는 데 참 인색함을 자인(自認)합니다. 그래서 목회 초기에는 아내로부터 좀더 칭찬하는 목회를 할 수 없느냐고 권고하는 말을 자주 들었지만 그래도 칭찬하는 습관이 되지 않으니 아내도 이제는 저의 목회 철학을 이해하고 칭찬하는 목회를 권고하는 일을 포기한 것 같습니다.

칭찬하고 싶은 마음이야 왜 목사에게 없겠습니까만 제가 칭찬하는 것이 중요한 것이 아니라 주님이 칭찬하시는 것이 더 중요하다는 사실을 생각하면 제 판단으로 쉽게 칭찬하기가 어렵다는 것을 늘 생각합니다.

안동에서 목회를 할 때 "우리 목사님에게 칭찬 한번 들어보았으면 소원이 없겠다"는 집사님의 말이 아직도 귀에 남아 있습니다. 때로는 제 자신이 못난이 같은 생각이 들 때가 한두 번이 아니지만 그래도 주님이 칭찬하시지 못할 일을 제가 쉽게 칭찬을 한다면 오히려 상대방으로 하여금 올바른 신앙 생활을 하는 데 걸림돌이 된다는 것이 평소 저의 목회 철학이기도 했기 때문입니다. 진정한 칭찬은 주님이 하실 수 있다는 확신 또한 있기 때문입니다. 제가 칭찬하지 않아도 주님이 칭찬하실 일이라면 분명히 복 주시고 은혜 베푸신다는 것을 저는 확신합니다.

수천 명의 군중이 기립 박수를 보내면서 열광을 한다 할지라도 젊은 피아니스트에게 있어서는 자기를 가르치신 선생님의 한 마디 칭찬이 필요했듯이, 우리의 신앙 생활의 여정에 있어서 사람의 칭찬이 천지를 뒤덮는다 할지라도 주님의 칭찬 한 마디 없으면 아무런 의미도 가치도 없습니다.

　해마다 여름이면 성경학교와 수련회가 있습니다. 직장 생활하면서 휴가조차 가지 못하고 휴가를 여름 성경학교를 위해 보내며 수고하는 교사들, 비지땀 흘리면서 뒷바라지를 하시는 여전도회 봉사자들이 계십니다. 담임 목사로서 일일이 칭찬할 수 없을지라도 하나님은 모든 것을 아시고 칭찬하시고 은혜 베푸실 것을 믿습니다.

산다는 것은 무엇인가?

제게 있어서 가장 힘든 것은 건강 문제였습니다. 타고난 체질이 약골인데 언제부터인가 밤이 되면 견딜 수 없이 저리고 아픈 다리를 주물러 주느라 잠을 설치는 아내의 모습이 안쓰러울 때가 한두 번이 아니지만 이만큼이라도 건강한 몸으로 목회를 할 수 있다는 것 하나만으로도 바울의 고백처럼 나의 나 된 것은 하나님의 은혜임을 고백하면서 살아갑니다.

속된 표현이지만 미친 듯 목회와 학문에 정진해 온 나의 삶!

이제 50을 바라보는 황금기 같은 세월의 중앙에서 때때로 나는 왠지 허전함으로 출렁이는 가슴을 기도로 채우면서 하늘을 올려다보는 버릇이 생겼습니다.

산다는 것은 무엇입니까?

가난의 옷을 입고 살아오는 동안, 제가 비록 가난의 옷을 벗지 못한다 할지라도 마음만은 행복할 수 있기를 기도하면서 오늘을 살아왔습니다.

보다 값진 날들을 소망하면서 내일을 향한 시간 속에서 땀으로 얼룩진 제 얼굴에 한 순간이라도 소탈한 웃음이 사라지지 않기를 기도하면서 오늘을 살아 왔습니다.

걸음걸음 가시밭길 같은 운명의 길을 행보하면서 저의 가는 길가에 솟아난 잡초 같은 아픔을 눈물로 밟습니다. 그리고 저는 보람을 가꾸면서 오늘을 살아 왔습니다.

때로는 앙상한 나뭇가지를 후리는 겨울 바람처럼 모질게 저의 삶에 아픔으로 다가온 순간 순간에도 찬바람 맞으면서 풍상을 이기는 소나무처럼 의지를 굳게 하면서 저는 오늘을 살아 왔습니다.
　일어설 수조차 없었던 허우적거리는 삶의 자리에서 벗어나 잠깐이라도 기도하지 않고는 견딜 수 없는 마음으로 저는 오늘을 살아왔습니다.

　수없이 다가왔다가 멀어져 가는 사람들! 그리고 멀어졌다가 다가오는 사람들!
　그럴 때마다 벳새다 언덕의 예수님에게 수천 명의 군중이 다가왔다가 그 수천 명이 예수를 십자가에 못박으라고 외쳐 대며 멀어졌던 군중을 생각해 봅니다.

　예수에게 있어서 향유를 깨뜨렸던 마리아가 있었는가 하면 예수를 은 30에 팔아야 했던 유다가 있었고, 바울에게는 자신의 목이라도 내놓을 수 있는 사랑을 실천했던 브리스길라와 아굴라 부부가 있었는가 하면 항상 바울에게 해를 입혔던 알렉산더도 있었습니다.
　제게 마리아는 누구이며, 브리스길라와 아굴라는 누구입니까? 저는 또 누구에게 마리아가 되며 브리스길라와 아굴라가 됩니까? 살아온 날들을 되돌아보면서, 살아가고 있는 오늘을 생각해 보면서, 살아가야 할 날들을 예견해 보면서 산다는 것이 무엇인가를 다시 한번 생각해 봅니다.

목사의 건강을 위해 늘 기도하시던 O집사님이 구하기 어렵다는 소머리를 구하여 목사관에 갖고 오셨지만 저의 건강을 위한 집사님의 사랑에도 불구하고 먼저 생각 난 것은 주일 1부 예배 찬양을 위하여 아픈 다리를 이끄시면서 성가대원으로 봉사하시는 연로하신 장로님들이었고 그래서 그것을 교회 주방으로 보내면서 생각한 것이 있었습니다.

산다는 것은 무엇입니까? 너의 유익을 위한 행동하는 나의 삶! 그것이 사랑이며 그것이 나눔이라 생각합니다.

부서지는 것은 절망이 아닙니다

어렸을 때 둘째형과 함께 시냇가에서 고기를 잡다가 모래밭에 앉아서 집을 짓고 즐기던 생각이 납니다. 형은 형 방식대로, 저는 제 방식대로 모래집을 지어 가다가 형이 실수하여 제가 잘 지어 놓은 집을 발로 뭉개버렸고 저는 앙앙거리면서 울었었습니다. 미안해 하는 형이 "내가 다시 지어 줄께"라고 하면서 달래 보지만 막무가내로 울어대니까 형이 화가 나서 외친 말이 있습니다. "부서졌으면 새로 지으면 될 것 아니냐. 새로 짓는 집은 더 좋게 지을 수 있는 거야." 그러면서 형은 울고 있는 저를 그냥 두고 형이 지은 모래집을 발로 휘휘 뭉개 버리고 먼저 일어나서 가 버렸습니다. 뒤따라가면서 "형아! 내가 잘못했어"라고 어리광을 부리면 내 머리를 툭 치면서 "아니야 내가 잘못했어" 하면서 씩 웃어 주던 형의 얼굴과 그 때 한 말이 생각납니다.

모리스 프랭크(Morris Frank)는 미국 권투계 유망주였습니다. 그가 시합에서 눈을 크게 다쳐서 실명(失明)하게 되었는데 의사 두 명이 모두 그에게 다시는 볼 수 없을 것이라고 절망적인 선언을 했습니다. 프랭크의 인생에 있어서 치명적인 일이 아닐 수 없었습니다. 그러나 이것은 프랭크에게 있어서 인생의 최후가 아니었습니다. 그는 자기와 같은 처지의 맹인들을 위하여 "the seeing eye" (보는 눈)이란 별명을 가진 안내견(案內犬)을 훈련시켜 맹인들의 길잡이 친구로 만들어 주었던 것입니다. 프랭크는 눈을 잃었지만 거기서 자기의 삶을 끝내는 것이 아니라 새로운 세계를 발견하는 눈을 열어 보다 나은 삶의 가치와 의미를 창출한 것이었습니다.

"신은 부서진 것들을 사용하신다"는 옛 히브리 격언이 있습니다. 흙이 부서져서 곡식을 냅니다. 곡식이 부서져 빵이 됩니다. 빵이 부서져 우리 몸의 에너지가 됩니다. 포도주도 향수도 잘 부서져서 만들어집니다. 사람도 원숙한 인격을 갖추려면 충분히 부서지는 과정을 밟아야 함을 깨닫게 해 줍니다.

예수님은 날마다 부서지는 생활을 하셨습니다. 바리새인들과 유대 지도자들에게 모진 말을 들으면서, 사랑하는 제자에게 배신을 당하면서, 호산나를 외치던 무리들이 십자가에 못박으라고 외치는 슬픈 현장의 중앙에서, 그리고 십자가 위에서 살과 뼈를 부서뜨리면서, 날마다 부서지는 날들을 사시면서 인류를 구원하는 메시야가 되었습니다.

주님의 부요함이 부서지면서 많은 사람들이 가난에서 해방되었고(고후 8:9), 주님의 육체가 부서지면서 많은 병든 자들이 건강함을 입었고(벧전 2:24), 그의 축복이 부서지면서 많은 사람들이 저주에서 해방되었고(갈 3:13), 그의 생명이 부서지면서 많은 사람이 살게 되었습니다(막 10:45, 갈 2:20).

이와 같은 진리를 알게 된 바울이 자기를 부서뜨리면서 이방 선교의 장을 열었습니다. 인류 역사에서 위대한 인물들의 공통점은 자기를 부서뜨리면서 만들어 낸 결과가 모든 이들의 평화와 축복이라는 것입니다.

오늘을 살아가면서 우리의 삶의 자리에 소중한 것이라 생각되는 것들이 부서질 때 우리는 절망할 것이 아니라 부서지면 또 다른 좋은 것을 지을 수 있는, 새로운 눈을 열고 새로 짓는 것이 더 좋을 수 있다는 마음으로 오늘을 살아가야 합니다.

올림픽 금메달과 D급 교인

애틀랜타 올림픽 경기도 막을 내렸습니다. 우리 나라는 금메달 5, 은메달 15, 동메달 5개로 종합 10위를 기록하여 당초 기대에 미치지는 못했지만 세계 197개 국 가운데 스포츠 강국으로 부상한 쾌거가 아닐 수 없습니다.

당초 한국은 6위를 목표했지만 경기 종반에 이르러 10위로 수정하는 것으로 발표를 하는가 하면 언론도 처음부터 마지막까지 금메달에 온 국민의 관심을 집중시켰습니다. 그도 그럴 것이 금메달 숫자로 등위가 결정되는 올림픽 경기이고 보면 은메달 100개보다 금메달 1개가 차지하는 순위 결정의 비중 때문에 이해할 수 있는 것이기도 합니다.

아무리 그렇다 할지라도 순수해야 할 올림픽 경기에 있어서 메달은 그 동안 쏟아 부은 땀과 노력의 결실이 아니라 출세의 조건처럼 되어 가는 우리의 체육계 현실이 안타까웠습니다. 언론 또한 금메달을 두고 '금사냥'이라고 표현하면서 은메달이나 동메달, 아니 간발의 차이로 등외가 된 선수들에 관해서는 보도조차 하지 않는 형국이니 이대로 간다면 우리네 정신문화나 건전한 스포츠 정신에 끼치는 영향이 어떻게 되어 갈 것인가를 생각할 때 걱정스럽지 않을 수 없습니다.

예컨대 역도의 김태현 선수는 4위에 머물렀지만 자신의 체중보다 무려 30kg이나 더 나가는 세계의 거한들과 무제한급에서 겨뤄 4위를 했다는 것은 놀라운 일이 아닐 수 없습니다. 그럼에도 국민들 중에 김태현이라는 이름을 그렇게 기억하는 사람 또한 별로 없다는 것이 금메달로 채색된 우리의 의식구조라는 사실입니다.

그리고 한국 선수들의 공통점은 금메달을 기대했다가 은메달을 따면 무슨 죄인이나 되듯 기자 회견도 침울하고 어떤 선수는 아예 혼자 방에 틀어박혀 지내기도 한다는 보도를 접하면서 슬프다 못해 허탈한 마음이 듭니다.

스포츠인이라면 그 결과가 기대에 미치지 못하더라도 자책하기보다는 상대의 실력을 인정할 줄 아는 자세부터 갖춰야 하며, 올림픽은 생사를 건 전쟁이 아니라 인류 전체의 축제라는 사실을 우선 생각할 수 있어야 합니다. 금메달만을 강요하는 우리 체육계의 풍토에서 빚어지는 결과로 인해 자랑스러운 은메달, 혹은 동메달을 따고도 시상대에서 감격해서가 아니라 서럽고 분해서 눈물을 쏟는 한국 선수들은 장내의 축제 분위기를 해치고 관중들을 아연케 하고 있습니다. 이것은 외국 선수들에게서는 볼 수 없는, 한국 선수들에게서나 볼 수 있는 장면인 것입니다.

따져 보면 올림픽 경기에서 세계 랭킹 1, 2, 3위의 차이는 백지 한 장 차이에 불과하며 그들이 쏟은 땀의 양도 크게 다르지 않다는 것을 안다면 우리는 모든 선수들에게 박수를 보낼 수 있어야 했습니다.

저의 목회의 철학은 바로 올림픽에서 금, 은, 동을 A, B, C급으로, 그리고 4등을 D급으로 비유한다면 D급 선수 같은 성도들을 아끼고 사랑하고 격려하는 것입니다. 교회의 발전과 부흥을 위해 바로 몇몇 금메달 감의 A급 교인도 필요하지만 더욱 중요한 것은 보일 듯 보이지 않으면서 하나님의 영광을 위해 땀을 흘리는 D급 성도들이고 그들이 존귀히 여김을 받아야 하는 것입니다.

　신앙 생활에서조차 올림픽에서 금메달만을 강요하는 소위 엘리트 체육을 지향하듯 한다면 교회는 교회로서의 본질을 잃어버리는 것이기에 교회는 올림픽을 통해 더 좋은 신앙적 교훈을 얻을 수 있기를 기도합니다.

주일 성수와 골프

요즈음 골프(golf) 이야기가 많은 사람들의 대화의 주 내용이 되는 것을 듣습니다. 언제부터인가 너도 나도 골프를 할 수 있는 골프 환경이 우리 나라에도 보편화되어 가고 있는 것이 나쁘지는 않다는 생각도 합니다. 한때는 특권층만 누리는 운동으로 이해되어 왔던 골프, 그리고 정권이 바뀔 때 골프가 항상 정치권의 메뉴로 언론에 오르내렸던 것도 우리는 기억하고 있습니다.

스포츠 가운데 골프가 가장 예(禮)를 존중하고 지키는 운동이라는 것은 누구나 잘 알고 있는 상식적인 이야기입니다. 그러나 언제부터인가 골프 에티켓이 무너지기 시작했고 너도 나도 돈만 있으면 골프를 할 수 있다는 생각으로 골프의 에티켓은 물론 기본자세도 습득하지 않고 운동을 하게 됨으로 제대로 골프의 예와 멋을 맛보는 사람들의 이맛살을 찌푸리게 한다는 글도 읽어 보았습니다.

제가 안동을 떠날 때 L장로님이 당부하시는 말씀이 있었습니다.
"목사님은 골프에 관해 부정적인 견해를 갖고 계시는 것 같은데 그것은 단편적인 견해입니다. 앞으로 골프에 관해 부정적인 견해보다는 긍정적인 견해를 갖고 이해를 하시면 목회에도 많은 도움이 되실 것입니다. 그리고 골프에 관해 시간 되시는 대로 공부해 보시면 인생과 신앙과 삶에 상당한 유사 관계를 찾을 수 있을 것이니 손해 보실 것 없을 것입니다."

물론 그 이후 저는 골프에 관해 긍정적인 견해를 갖게 되었지만 아직도 골프에 관하여는 초보 단계도 못되고, 그렇다고 부정하는 것도 아니지만 골프와 관련된 이야기로써 슬픈 마음을 갖는 것은 교인들이 골프를 좋아한 나머지 주일을 성수하지 않고 골프를 즐긴다는 것입니다. 오죽 했으면 어느 교회 항존직분자는 주일 예배위원의 직무도 잊고 주일날 골프를 쳤다 하여 구설수에 오르게 되고 믿지 않는 사람들과 함께 골프를 치고도 그들에게 뒷맛 개운치 않은 욕을 먹어야 했다는 이야기는 그리스도인의 이름이 부끄러운 슬픈 일이 아닐 수 없는 것입니다.

골프는 좋은 운동입니다. 건전한 스포츠이며 인간 생활에 있어서 멋 있고 예의를 체득할 수 있는 운동입니다. 골프와 인생, 골프와 신앙은 연구해 보면 참으로 상관 관계가 있다는 것도 골프를 아는 사람은 긍정하는 것입니다. 그만큼 골프는 운동으로서 뿐 아니라 삶의 질을 향상시키는 운동이기도 한 것입니다.

골프가 마치 특별한 사람들만 즐기는 운동으로 이해되거나 정착되어서도 안 될 것이며, 골프를 한다고 해서 모두 과소비 성향의 사람들이라는 편견을 가져서도 안 될 것이고, 누구는 골프를 해도 되고 누구는 안 된다는 잘못된 견해는 더 더욱 잘못이며, 내가 골프를 안 친다고 골프를 즐기는 사람을 무조건 비판하는 것도 어리석은 일입니다. 비단 골프만을 말하는 것이 아닌, 모든 개인적 삶의 내용을 누가 감히 판단하거나 비판할 수 없고 비판하는 사람 자신이 더 비판받아야 할 일임을 성경은 가르치고 있습니다(마 7:1-5).

그런데 문제는 신앙인들이 이와 같은 좋은 운동을 하면서 스스로 하나님의 영광을 가리우는가 하면 건전치 못한 삶으로의 전락을 자초하는 데 있는 것입니다.

「타임」지가 "교회에 정기적으로 출석하는 사람들은 신앙 생활을 하지 않는 사람들보다 전체적인 건강 상태가 좋은 것으로 나타났다"고 최근호에서 발표했듯이 정신과 심신의 건강을 위해 우리 그리스도인들은 하나님을 믿는 바른 신앙 생활의 기본이 되는 주일성수가 무엇보다도 우선되어야 함을 깨닫습니다.

오늘의 대학은 어디로 가는가?

온 국민을 불안케 했고 나라의 기강이 이처럼 엉망인가 싶은 어처구니없는 한총련 사태는 9일만에 완전 진압되었습니다. 투쟁의 무대가 되었던 연세대학교 캠퍼스는 폐허가 되었습니다. 복구에 6개월이 걸려야 한다는 허탈한 관계자의 말이나, 책상 3천 개, 걸상 2천 개, 유리창 140장, 출입문 45곳이 쓰지 못하게 되어 버린 피해 상황을 조사하는 연세대 직원이 폐허처럼 된 종합관과 과학관을 가리키면서 "어디 이뿐입니까? 건물 10여 동에 쵀루탄 자국으로 건물이 흉물스럽게 되었고, 수많은 나무들이 포탄에 맞은 듯 상해 있는 여기가 어찌 지성인의 전당이라 할 수 있습니까?"라며 분통을 터뜨린 신문 기사를 읽으면서 도대체 이 나라 민족성은 어떻게 형성되었는가를 생각해 봅니다.

고3 수험생이 신문에 기고한 내용을 읽노라면 어른으로서 부끄럽기 그지없습니다. 대학 가려고 열심을 다해 공부를 하다가도 "저런 대학에 가야 하는가?"라고 스스로 공부를 포기하고 싶다는 슬픈 이 나라 대학의 현주소를 우리는 너나 없이 아파하고 있습니다.

소위 주체 사상이라는 병적인 이데올로기에 오염되어 김일성 김정일 숭배 사상이 결국은 한총련 사태라는 것으로 연결된 어처구니없는 이런 일이 이 땅의 대학 캠퍼스에서 벌어지도록 정부는 무엇을 했으며 정치인들은 무엇을 했으며 대학 당국은 도대체 무엇을 했는가를 생각해 봅니다.

고등학교 3학년 K군이 신문에 투고한 내용을 우리는 그냥 읽고 넘길 수만은 없습니다.

"학문과 진리의 전당이 되어야 할 대학이 폭력과 피로 물드는 광경을 보고 대학 진학을 위해 매진을 하고 있는 나는 실망을 금치 못하고 있다. 그리고 시위 학생들의 부모들도 자식들 못지 않다. 학생 시위가 경찰 공권력에 밀리게 되자 시위 학생의 부모들은 시위 학생들이 무조건 피해자인 양 시위 현장에서까지 공권력을 상대로 치맛바람을 일으킬 뿐 아니라 자녀들을 설득해서 자수시키려고 하지 않고 경찰과 몸싸움을 벌이고 단식투쟁까지 한다는 사실은 이해가 되지 않는다."

대학생들이 외치는 '정의'라는 이름 아래 행해지는 온갖 불의한 일들을 이제 우리는 용납해서는 안 됩니다. 정의가 정의롭지 못하면서 정의라는 이름으로 행해지는 이 나라 대학생들의 시위 현장이 다시는 재현되어서는 안 될 것입니다.

플라톤은 그의 불후의 역저(力著) 「국가, politeia」에서 '정의란 무엇이냐? 각자가 자기의 직분을 다하고 남의 직분을 침범하지 않는 것'이라고 했습니다.

철학자 아리스토텔레스는 그의 명저 「정치학」에서 '정의는 사회의 질서'라고 말했습니다. 플라톤은 '정의는 자기에게 합당한 것을 소유하고 자기에게 합당한 행동을 하는 것'이라고 했습니다.

이와 같은 정치학자들이나 철학자들이 갈파한 정의론에 비추어 볼 때 우리 대학생들이 외치는 정의가 얼마나 허망한 것인가를 생각하게 됩니다. 다행스럽게 대통령께서 교육 개혁 위원회에 '새로운 이념 교육의 틀'을 마련하라고 지시했다고 하지만 이 나라 교육 현장의 암울한 현실을 바라보면서 왠지 답답한 마음일 뿐입니다. 그래도 우리는 다시 마음을 모아 오늘의 대학을 학문과 진리의 전당이 되도록 기도하며 함께 힘을 모아야 할 것입니다.

행복의 재발견 (幸福의 再發見)

"아! 하늘이 저렇게 아름다울 수 있을까?"
부산 가나안 수양관에서 산상 성회를 인도하고 하늘을 올려다 본 저는 저절로 감탄사가 나왔습니다.
금정산 꼭대기에 하늘을 지붕으로 하여 세워진 수양관은 정말 천혜(天惠)의 자리였습니다. 뒤쪽으로 바위산을 병풍처럼 두르고 앞으로 끝없이 펼쳐진 푸른 수목들을 내려다보는 가슴은 저절로 확 트여지는 기분이었습니다. 비가 온 후의 하늘과 산은 이루 형언할 수 없는 맑고 시원한 마음과 생각을 갖게 해 주었습니다.

사실이지 목회 생활에 동분서주하면서 산에 진달래가 피었는지, 언덕에 개나리가 피었는지, 제비가 왔는지, 하늘이 푸른지, 가을 단풍이 들었는지 생각할 겨를도 없이 살아왔던 날들이었습니다. 가나안 수양관에서 내려다보는 계곡에는 옅은 안개로 드리워졌고 이름 모를 산새들이 계곡에 밀려드는 아침 햇살과 함께 주님을 찬양하고 있었습니다. 하늘은 이루 형언할 수 없는 영광으로 가득 채워져 있어서 산과 하늘이 하나님을 찬양하는 장엄한 천국 음악을 들었습니다.

노자와 더불어 도가사상(道家思想)의 2대 산맥을 이루는 장자의 말 '視乎冥冥 聽乎無聲' 즉, 보이지 않는 것을 보고 소리 없는 소리를 들을 수 있는 혜안(慧眼)과 영청(靈聽)의 신비로움을 가나안 수양관에서 다시 한번 체험하였습니다.

저 산 아래에서는 또 인간 관계의 갈등과 시기와 온갖 추악한 음해와 죽이고 죽는 슬픈 일들이 전개되고 있을 것인데 잠시나마 여기 올라와 하나님을 찬양하고 기도하면서 말씀을 경청하는 수백 명의 아름다운 마음을 가진 성도들을 향하여 저는 그날 밤 하염없이 울면서 행복을 발견하는 아름다운 신앙인으로서의 삶을 위한 말씀을 선포했었습니다.

　인간은 살아가면서 행복을 창출하는 지혜자가 되어야 합니다. 행복은 지혜와 용기와 노력으로 얻어낼 수 있는 인생의 가치이며 정성과 땀으로 쌓아올리는 공든 탑이기도 합니다. 행운은 우연과 요행의 산물이지만 행복은 인간의 창의와 계획과 노력의 산물입니다. 이를 위하여 우리는 오늘도 부단히 기도하는 신앙적 삶이어야 합니다. 거기서 행복을 새롭게 발견할 수 있는 것입니다.
　칼 힐티는 "인간의 마음은 보람있는 일을 찾을 때처럼 즐거운 기분을 느낄 때가 없다. 행복하기를 원한다면 먼저 일을 찾아라"고 했습니다. 그렇습니다. 사람이 가장 행복감을 느낄 때는 보람있는 일에 몰두하고 그 일에 헌신할 때입니다. 일에 열중할 때는 잡념에서 벗어나고 망상에서 해방되기 때문입니다. 우리는 그리스도인으로서 지금 어떤 일을 하고 있습니까? 보람있는 일입니까? 과연 그 일에 헌신할 가치가 있습니까? 있다면 거기에 열중하십시오. 그러면 행복의 새로운 발견이 되는 것입니다. 왜냐하면 행복은 쾌락과는 근본을 달리하기 때문입니다.

　괴테는 자신의 인생훈(人生訓)을 다섯 가지로 요약했습니다.

첫째는 지나간 일을 쓸데없이 후회하지 말고 투덜거리지 말 것, 둘째는 될수록 성내지 말 것, 셋째는 언제나 현재에 감사할 것, 넷째는 남을 미워하지 말 것, 다섯째는 미래를 하나님께 맡기는 것이었습니다.

그러나 이 모든 것은 우리 주 예수 그리스도의 은혜 안에서 성령님의 도우심 안에서만 가능한 것임을 알아야 합니다. 진정한 행복의 발견은 신앙하는 삶에서 가능하다는 말입니다.

큰 일을 이루는 작은 일

 작은 벽돌이 한 장 한 장 쌓일 때 크고 아름다운 건물이 지어집니다. 하늘의 작은 별들이 모여 은하수를 이룹니다. 모래 한 알 한 알이 모여 아름다운 해수욕장을 만들어 줍니다. 나무 한 그루 한 그루가 모여서 울창한 숲을 이룹니다. 교회도 성도 한 사람 한 사람이 모여서 아름다운 거룩한 공동체를 이룹니다. 우리가 살아가는 인생도, 그리스도인의 믿음의 삶에도 동일한 법칙이 적용되는 것을 깨닫게 됩니다.

오늘을 살아가는 사람들은 갑자기 유명 인사가 되려 하는 기회주의와, 갑자기 일확천금을 벌어 부자가 되어 보겠다는 한탕주의가 너무도 만연되어 있습니다. 그래서 사람들은 하나같이 처음부터 크고 중요한 일을 맡아 성공하고 싶은 마음에 사소한 일들은 거들떠보지도 않습니다. 그렇게 살아감이 결코 성공적일 수 없는데 사람들은 이상하게 그렇게 길들여진 것처럼 살아가려 합니다.

얼마 전 국민일보에 저에 대한 기사가 큼지막하게 실렸습니다. 고향에서도 안동에서도 저를 아는 사람들이 전화를 하면서 한결같이 들려주는 말이 있었습니다. "목사님 스타 되었네." 저는 그런 말을 들으면서 웬지 가슴이 찡하게 저려 오는 이상한 감정을 느끼고 많은 생각을 했습니다. 그런데 저의 성장 과정의 아픔을 누구보다도 잘 알고 있는 믿음의 선배 한 분이 전화를 주시면서 이런 말씀을 주셨습니다.

"오늘 신문 봤네. 그래 참 고맙게 자랐구먼. 이제 50이 거의 되었지? 길고도 짧은 세월을 누구보다도 서 목사는 눈물로 엮었지. 평소에 작은 일을 눈 여겨 다루던 서 목사가 생각나네. 사용한 용지도 버리지 않고 뒷면에 까맣게 글을 쓰던 버릇 하나만큼은 지금도 내 생각에서 지워지지 않네. 기억하는가? 선풍기 끄지 않고 나오다가 자네에게 그렇게도 무안당하고 어쩔 줄 몰라 하던 나를…. 그 때는 참 건방지다 생각했는데 지금까지도 그 사건이 나의 삶을 유익하게 했지. 그래 내가 전화한 것은 자네 성품을 알기에 축하를 하려는 것이 아니고 목사로서 남은 세월도 마무리 잘해 가라는 당부를 하고 싶어서였네."

전화를 끊고 저는 한참 동안 멍하니 서재 천장을 올려다보면서 저도 모르는 사이에 양볼을 타고 입술로 젖어 내리는 눈물이 어느 때보다 짜다는 느낌을 가지면서 형언할 수 없는 만감으로 지나온 세월들을 돌아보았습니다.

제가 살아온 날들은 다른 사람들보다 큰 날이 없었습니다. 끊어질 듯 하면서 끊어지지 않은 고난과 아픔으로 작아질 대로 작아진 날들이 모여서 마흔 여덟 해를 보내고 있습니다. 어쩌면 저의 모든 것은 좁쌀만큼도 안 되는 작은 것들뿐이었는데 그 작은 것들이 모여서 오늘이 되어 있는지 모릅니다. 그 작은 저의 삶을 두고 사람들은 쉽게도 크다고들 말하지만 지금도 저는 제 자신을 크다고 생각해 본 적이 없습니다. 그래서 누구를 만나도 언제나 저는 작은 자라는 생각에서 표현되는 행동으로 말미암아 때로는 오해를 받기까지도 합니다

소자 하나를 귀히 여기셨던 예수님의 가르침을 기억하면서, 제가 존

경하는 역사의 인물이기도 하신 백범 김구 선생께서 임시정부 뜰을 쓸고 창문을 닦는 것을 최고의 큰 일로 여기셨던 일을 기억하면서 작은 일이 모여서 큰일을 이루는 삶의 법칙을 다시 생각합니다.

성전 건축과 헌금

 유다가 바벨론에게 패망한 후 포로로 끌려간 지 70년만에 하나님의 도우심을 입어 스룹바벨의 인도 아래 42,360명이 조국 이스라엘로 돌아왔습니다. 그러나 예루살렘 성은 폐허가 되었고 성전도 무너졌으며 나라꼴은 엉망이 되어 있었습니다. 해방은 되어 고국에 돌아왔지만 의식주 문제, 외세의 위협이 상존해 있었고 그러다 보니 성전 공사가 중단되어 스룹바벨과 백성들은 낙망해 있었습니다. 그 때 하나님은 선지자 스가랴에게 말씀을 주셨습니다.

"이는 힘으로 되지 아니하며 능으로 되지 아니하고 오직 나의 신으로 되느니라"(슥 4:6).

그렇게 성전은 다시 재건되었고 유다 백성들은 하나님의 은총을 입게 되었습니다.

성전을 건축하기로 결정한 어느 교회에서 성전 건축을 위한 특별 헌금을 드리는 시간이 있었습니다. 모든 성도들이 한 명씩 조용히 일어나 제단 앞으로 나아가 헌금을 하게 되었습니다. 맨 마지막에 여섯 살난 소녀가 아장아장 걸어나가서 무엇인가 호주머니에서 꺼내더니 그것을 봉투도 없이 제단 위에 올려놓았습니다. 목사님이 그것을 자세히 보니 그것은 구멍가게에서 살 수 있는 싸구려 장난감 반지였습니다. 예배가 끝난 뒤 목사님은 조용히 그 소녀에게 다가가 제단 위에 올려놓은 그 반지를 소녀에게 건네 주면서 이렇게 말씀하셨습니다.

"아가야 이 반지는 도로 가져가렴. 하나님은 이미 네 마음을 알고 계시단다."

그러자 그 어린 소녀는 갑자기 흑흑 울면서 이렇게 말하는 것이었습니다.

"목사님께 드린 것이 아니에요. 목사님께 드린 것이 아니라 하나님께 드린 것인데 왜 목사님이 가져 오셨어요?" 목사님은 그 말을 듣는 순간 '아차 큰 실수를 했구나' 하는 생각에 얼굴을 붉혔습니다.

저희 교회도 21세기를 바라보면서 교육선교센터를 건축하려고 기도하며 준비를 하고 있습니다. 몇 년 동안 기도해 오던 이 거룩하고 복된 일이 이제는 구체적으로 이루어져 가고 있음을 볼 때 감격하지 않을 수 없습니다.

어느 날 당회장실 책상에 올려놓아진 팔찌와 귀걸이가 있었습니다. 그것은 교회 유년2부 박지원이라는 어린이가 하나님께 드린 장난감 같은 것이었습니다. 저는 그것이 너무도 귀하고 아름다운 사건이라 아직도 책상 위에 두고 기도하고 있습니다. 그것은 몇 푼되지 않는 장난감 같은 것이었지만 저희 교회를 향하신 하나님의 거룩하신 섭리와 뜻을 어린 아이를 통하여 가르치고 계시는 것을 분명하게 볼 수 있었고 깨달을 수 있었기 때문입니다. 그러면서 그 팔찌와 귀걸이를 볼 때마다 "하나님 우리 교회 모든 성도들이 이처럼 하나님께 무엇인가 드릴 것이 있다는 것을 깨닫는 은혜를 주옵소서"라고 기도하고 있습니다.

그리고 늘 교회를 위해 깊은 마음으로 기도하고 모든 분야에서 귀감이 되시는 K 장로님께서 건축을 앞두고 기도하시던 중 장로님의 전재

산의 등기부등본을 당회장실로 갖고 오셨습니다. "내가 하나님께 드릴 수 있는 것은 아무것도 없습니다. 필요할 때가 있으리라 생각되어 목사님께 맡깁니다." 눈가에 잔잔한 이슬을 맺으면서 그 옛날 지금 이 교회를 건축할 때를 생각하면 지금 선교센타를 건축하는 것은 너무도 쉬울 것이라는 확신으로 이야기를 나누고 돌아가시는 장로님의 뒷모습을 보면서 교회를 위한 그 넓고 깊은 충정과 헌신의 모습을 느끼며 저는 참으로 많은 것을 생각했습니다. 성전 건축을 우리의 노력과 정성과 힘을 다하여 건축하려 할지라도 하나님의 은혜가 아니면 이루어질 수 없습니다. 보이는 성전이 아름답게 지어져 가는 것도 중요하지만 먼저 내 마음의 성전이 건축되어 가는 믿음의 생활이 중요한 것을 새삼 생각해 봅니다.

나는, 우리는 지금 어디에 있는가?

 인간 생활의 질서에는 세 가지가 있습니다. 첫째는 위치 질서(位置秩序)이며, 둘째는 역할 질서(役割秩序)이고, 셋째는 관계 질서(關係秩序)입니다. 마땅히 있어야 할 자리에 있을 때를 위치 질서라 하고 마땅히 해야 할 일을 수행할 때를 역할 질서라 하며 너와 나와의 관계, 곧 인간 관계 및 대인 관계(對人關係) 대물 관계(對物關係)가 바르게 될 때를 관계 질서라 합니다.

요즈음 우리 사회 곳곳의 무질서 현상을 보고 걱정을 하지 않을 수 없습니다.

국회의원을 선량(選良)이라 하기도 하는데 요즈음 국회의원들의 하는 짓(?)들을 보면 어느 것 하나 국민의 선량답지를 못합니다. 나라 경제가 휘청거리다 못해 이제는 부채 대국, 파산 대국의 적신호가 깜박거리고 있는 때에 한 병에 200만 원 하는 양주를 들고 들어오는 선량이라면, 국민의 세금으로 국정을 돌본다는 명목으로 외유를 하면서 자기들끼리 치고 받는 추태를 보이는 선량이라면, 감정을 다스리지 못하여 동료 의원의 이마를 유리컵으로 찍어야 하는 선량이라면, 자식의 결혼식을 초호화판으로 거행하는 것도 모자라 비행기를 띄워 축하 비행을 해야 직성이 풀리는 선량이라면 그들을 탓하기 전에 그런 사람들을 국회로 보낸 국민들의 의식부터 이제는 대수술을 하지 않으면 안 되겠구나 하는 생각을 하면서 자괴지심(自愧之心)에 한숨이 터집니다.

북한의 무장 공비가 잠수함을 이끌고 강릉 근해에 밀착(密着)하여 온갖 일을 저지르고 좌초되기까지 우리의 국방은 허술하기 그지없는, 어처구니없는, 정말 해도 너무 한다는 생각이 드는 사건도 터졌습니다. 도대체 이래도 되는 건가 하는 생각을 하면서 나라 걱정을 하는 가운데 국방 관계자와 언론과의 대담 가운데 "그래도 우리 나라와 미국의 연합군의 전력은 북한을 능가하고 있어서 걱정하지 않아도 된다"는 어처구니없는 괴변을 들으면서 국민의 한 사람으로서 분통마저 터지는 일이 아닐 수 없었습니다.

　일찍이 공자의 제자 자공이 정치의 요체(要諦)를 선생님에게 물었을 때, 공자는 첫째는 군(軍)이요 둘째는 경제요 셋째는 신의(信義)라고 답을 했습니다. 자공이 그 셋 가운데 하나를 제한다면 어느 것을 제하겠느냐고 물었을 때 공자는 군(軍)을 버리라 했고, 그 다음은 경제를 버리라 했습니다. 남는 것은 신의였습니다. 정치학적으로는 어설프기 그지없는 논리지만 공자의 이 논리는 높은 정치 수준에서 나온 해박한 판단이었습니다. 국가의 부강은 국민의 신의에서 이루어지는 것입니다. 국민이 정치인들을, 군(軍)을 믿지 못할 때 그 어떤 강한 군대도 경제도 의미 없다는 것을 우리는 월남의 패망에서 교훈받았습니다.

　대학마다 김일성을 찬양하는 유인물들이 산더미처럼 쌓여 가고 지성의 산맥이 무지와 파괴의 본산이 되는 오늘의 이 나라 대학, 입시 지옥이라 불려지는 환경에 영혼과 육체가 지칠대로 지쳐 미래를 꿈꾸는 최소한의 의식조차도 메말라 버리는 슬픈 우리 아이들, 그래서 해가

지는 시간이 되면 도시의 거리는 젊은이들의 휘청거리는, 그래서 오늘이 흔들리고 내일이 흔들리는 이 나라 사회의 실상을 우리는 언제까지 바라보고만 있어야 합니까?

아담이 에덴에서 하나님과 더불어 축복을 노래할 때 뱀은 그 동산에까지 다가와 아담으로 하여금 위치 질서, 역할 질서, 관계 질서를 깨뜨리게 했습니다. 그 결과는 죽음이었고 부조화였고 저주였습니다.
"아담아 네가 어디 있느냐?"고 하나님이 물으셨을 때 이미 아담의 의식은 뱀이 심어 놓은 불신과 저주의 색깔로 채색되어 있었습니다. 가인이 그랬고 아합이 그랬고 유다가 그랬습니다.
그렇다면 저는 어디에 있습니까? 우리는 어디에 있습니까?

예수님께서 가장 작은 것을 놓고 감사했을 때
기적의 출발이 되었습니다. 한 가지 분명한 사실은
불평하는 사람은 행복을 얻지 못하고
감사하는 사람에게는 행복이 온다는 것입니다.
사람은 행복해서 감사하는 것이 아니라
감사하며 살기 때문에 행복해집니다.

교회를 위하여 나는 무엇을 하는가?

 20세기를 살아가면서 저의 마음속에 자리잡은 수많은 20세기의 인물들 가운데 영국 수상 윈스턴 처칠(W. Churchill)과 미국의 35대 대통령 케네디(J. F. Kennedy)는 저의 삶과 철학, 그리고 목회에 영향을 주었습니다. 처칠은 탁월한 군인이었으며, 위대한 정치가요, 노벨 문학상을 수상한 문필가(文筆家)이면서 비범한 풍경화가(風景畵家)였습니다. 케네디는 미국 국민뿐 아니라 전세계 민족에 푸른 꿈을 심어 주고 개척자 정신을 심어 준 위대한 지도자였습니다.

처칠이 나라와 민족을 위하여 분골쇄신 정열과 생명을 바친 후 1940년 5월 13일 하원에서 수상의 중책을 맡으면서 행한 역사적 강연 중에 "내가 바칠 수 있는 것은 피와 노고와 눈물과 땀밖에 없다"는 말 한 마디는 많은 사람들에게 감동을 주고 감격하게 하는 명연설이었습니다.

케네디가 1961년 1월 20일 미국의 35대 대통령으로 취임을 하면서 했던 14분에 걸친 취임사는 역사에 기록될 많은 명언을 남겼습니다. 용감한 신념의 대통령 케네디가 남긴 말 가운데 "네 나라가 너를 위하여 무엇을 해 줄 수 있는가를 묻지 말고 네가 네 나라를 위하여 무엇을 할 수 있는가를 물어라"라고 역설한 말 한 마디는 오늘을 살아가는 우리들의 정신을 새롭게 깨우치는 메시지가 되기도 합니다.

제가 목회를 하면서 처칠의 말이나 케네디의 말을 마음에 새기고 있음은 그리스도 예수께서 저를 위하여 죽으시고 저를 존귀하게 하신 것을 생각하면 저의 일생 동안 주님을 위하여 할 수 있는 일은 바로 처칠과 케네디가 남긴 한 마디 말 속에 담겨 있기 때문임을 자각하기 때문입니다.

내가 정말 하나님의 나라와 그의 교회와 주님이 나에게 위임하신 성도들을 위하여 피와 노고와 눈물과 땀을 바치고 있는가? 나는 정말 주님이 지금도 나를 위하여 무엇인가를 해 주시기를 기대하지 않고 내가 주님과 그의 교회와 이웃을 위하여 무엇을 할 것인가를 생각하고 행동하는가?

유일성(唯一性)의 생명을 가지고 일회적(一回的) 인생을 살아가면서, 인생은 연습이 불가능한, 남이 나의 인생을 살아 줄 수 없는 것이고 내 인생을 내가 살고 내가 책임을 져야 하는데 지금 우리는 오늘을 어떻게 살아가고 있는가를 생각해 봅니다.

지난 주간에 저희 교회의 21세기를 선견(先見)하게 하고 희망을 갖게 하는 교육선교센타 건축에 관련된 계획이 구체화되기 시작했습니다. 연건평 1,686평의 교육선교센타와 8가구의 교역자 사택•아파트 1동 건립, 그리고 992평의 주차장과 청소년 및 교회 학교를 위한 189평의 간이 체육관 시설의 프로젝트를 당회와 항존직분자 연석 회의에서 발표하고 만장일치로 그 기본 계획을 통과하고 모두들 감사하며 기뻐하는 모습을 보고 돌아와 잠을 이룰 수 없었습니다.

서재에 걸어 놓은 계획안을 바라보면서 감사함이 충만하여 하염없이 흘러내리는 눈물을 닦을 생각도 하지 않고 밤 2시를 넘기면서 하나님께 엎드려 기도를 했습니다.

"주여! 제 자신이 먼저, 그리고 모든 성도들이 하나님의 나라와 예수 그리스도의 몸된 교회를 위하여 피와 노고와 눈물과 땀을 바치게 하옵시고, 이제까지 신앙 생활의 고정관념인 교회가 나를 위하여 무엇을 해 주기를 묻지 말고, 이제는 내가 교회를 위하여 무엇을 할 것인가를 스스로 묻는 은혜가 있게 하옵소서."

그렇습니다. 이제 우리 모두 하나님의 교회를 위하여 무엇을 할 것인가를 스스로 물으면서 피와 노고와 눈물과 땀을 흘릴 때임을 함께 생각해 봅시다.

제2회 장학 바자회

 아르헨티나 부에노스아이레스 교회를 담임하시는 후안 카를로스 오르티즈(Juan Carlos Ortiz) 목사님의 저서 가운데 「Disciple」이 있습니다. 우리 나라에서는 「제자입니까」란 제목으로 번역 출판되었습니다.

후안 카를로스 오르티즈 목사님은 그 책에서 지금까지 자신의 목회는 성령과는 관계없는 오직 자신의 의지로 하는 목회 방법이었다고 고백하면서 진정한 제자라면 선생님의 가르침을 행해야 하는 것임을 역설했습니다. 그러면서 우리의 선생은 예수 그리스도이심을 강조했고 예수가 말씀하시고 가르치신 모든 것을 우리가 배워 알지만 행치 못하는 잘못을 지적했습니다.

예수의 제자란 예수를 따르는 사람이며 예수를 따른다는 말은 그분을 주님으로 모신다는 말이며, 이 말을 다른 표현으로 하면 그분의 노예로서 그분을 섬긴다는 뜻입니다. 사도 바울은 이 진리를 깨달았기에 그 자신이 예수의 종이라고 고백을 했고 예수의 종이 된 것을 세상 그 어떤 것보다 가치 있고 의미 있는 것임을 자랑했습니다.

저희 교회에서 제2회 장학 바자회가 열렸습니다. 남녀 선교회 32기 관별로 다양한 물품을 준비하였고 그날 하루 동참한 사람들은 4천여 명이 넘었습니다. 눈물겹도록 고맙고 아름다운 일들을 수행하시는 성도님들을 바라보면서 저는 눈시울이 젖었습니다.

"너의 유익을 위한 행동하는 삶을 실천하자"는 평소의 담임 목사의 목회 철학을 주제로 하여 시작된 바자회에 동참한 사랑하는 성도들의 얼굴에서 저는 제자의 모습을 보았습니다.
 "모든 것은 남을 위하여, 자신을 위해서는 아무 것도 아니했다"는 페스탈로치의 묘비명처럼 성도님들은 바람을 맞으면서, 그 고운 얼굴들에 먼지를 뒤집어 쓰면서, 간간이 내렸던 가을비를 맞으면서 그처럼 환하게 웃으며 피곤한 줄 모르고 "너의 유익을 위한 행동하는 삶"을 실천했습니다. 돈을 쓰면서도 즐겁고, 고생들을 하면서도 기쁘게, 그처럼 모든 일에 힘겹게 봉사하면서도 감사함으로 충만한 그 모습들에서 저는 제자의 모습을 보았습니다.

 처음 장학 바자회를 개최하게 된 동기는 얼마나 많은 장학 기금을 준비하느냐에 있지 않았습니다. 주님이 말씀하신 사랑하고 구제하고 나누는 일을 실천하지 못하는 그리스도인이라면 그것은 그리스도인으로서 성장하는 제자가 아니라 그리스도인으로서 살이 쪄 가는 교인이 되기 때문에 성도들로 하여금 이러한 행사를 통하여 서로 사랑하는 법과 나누는 법을 체득하게 하자는 것이 동기였고 그 결과는 예상보다 훨씬 좋았으며 결국 장학 기금도 엄청나게 조성되었던 것입니다.
 폐장(閉場) 시간이 가까워지면서 경배와 찬양 단원들이 찬양을 인도할 때는 장로님도 집사님도 어린 아이도 어른도 춤을 덩실덩실 추면서 하나님께 영광을 돌리며 기뻐했는데 그 모습은 천국이 아니면 볼 수도 경험할 수도 없는 성도의 지고한 가치며 그리스도의 제자의 모습이었습니다.

저는 제가 시무하기 때문이 아니라 제게 위임해 주신 저희 교회의 하나님의 양으로서의 한 사람 한 사람 성도님들이 너무도 사랑스럽고 존귀하게 느껴집니다. 때문에 날마다 하나님께 감사하면서 겸허하게 기도하며 이 목양지(牧羊地)를 푸른 초장으로 가꾸어 갑니다.

그리스도의 제자로서의 여러분을 사랑합니다.

범사에 감사하라

복음서에 나타난 예수님의 감사 기도는 네 번으로 나타납니다.

첫 번째 감사는 요한복음 6장에 기록된 보리떡 다섯 개와 물고기 두 마리로 5천 명을 먹이실 때였습니다. 가장 작은 것을 놓고 감사했을 때 기적의 출발이 되었습니다. 한 가지 분명한 사실은 불평하는 사람은 행복을 얻지 못하고 감사하는 사람에게는 행복이 온다는 것입니다. 사람은 행복해서 감사하는 것이 아니라 감사하며 살기 때문에 행복해집니다.

두 번째 감사는 마태복음 11장에 기록된 실패 속에서 드린 기도 속에 나타나 있습니다. 정성 들여 전도한 마을 고라신과 벳새다 사람들이 하나님께로 돌아오지 않아 전도의 열매가 없을 때, 실패하고 무너졌을 때, 짜증나고 화가 난 좌절 가운데서도 감사하는 기도를 드렸습니다(11:25). 이것은 오늘을 살아가는 우리들에게 좋은 교훈이 됩니다. 큰 실패 가운데서도 작은 성공을 보시고 감사하는 예수님의 감사는 하나님께 소망을 둔 믿음이 있었기 때문입니다.

세 번째 감사는 요한복음 11장에 기록된 나사로의 무덤 앞에서 드린 감사 기도입니다. 죽음을 앞에 둔 비극적인 상황 앞에서 드린 감사 기도는 기도를 들어 주시는 하나님, 문제를 해결해 주시는 하나님을 믿는 믿음에서 이루어진 감사였습니다.

네 번째 감사는 누가복음 22장에 기록된 십자가의 죽음을 앞두고 마지막 만찬에서 드린 감사였습니다(22:17, 19). 죽음을 앞에 둔 상황에서 감사할 수 있음은 부활에 대한 확실한 소망을 가진 자만이 할 수 있는 감사였습니다.

오늘은 저희 교회가 지키는 추수 감사 주일입니다.
교회마다 연중행사가 아니라 오늘에 이르도록 인도하시는 하나님의 은혜가 얼마나 크고 감사한지 그 사랑을 새롭게 감사할 수 있는 축복의 노래를 하나님께 돌려 드리는 날이어야 합니다.
우리가 오늘을 살아가면서 불평하는 눈으로 세상을 보면 불평할 일들만 수두룩합니다. 그러나 감사하는 눈으로 보면 주변의 모든 것들이 감사할 뿐입니다.

노르웨이의 전설 하나를 소개합니다.
옛날에 사단이 지구에 내려와 하필 노르웨이에다가 창고를 지었다고 합니다. 사단의 창고에는 각종 씨앗들, 즉 미움, 슬픔, 눈물, 불평, 원망, 시기 등의 씨앗들이 저장되어 있었습니다. 이 씨앗들은 어느 누구의 마음속에서도 싹이 잘 나는데 한 동네에서만은 효력이 없었다고 합니다. 이 동네의 이름은 "기쁨"이었는데 어떤 슬픈 상황과 절망적인 처지에서도 그들은 언제나 감사했기 때문이라는 것입니다.
이 이야기에서 노르웨이 속담인 "감사하는 마음에는 사단이 씨앗을 뿌릴 수 없다"는 말이 나왔습니다.
그렇습니다. 감사하는 마음에는 사단이 그 어떤 씨앗도 뿌릴 수 없습니다.
그래서 일본의 나병환자의 어머니 다마끼(玉木愛子) 여인은 나병환자들을 돌보다 자신도 감염되어 육신이 뭉개지면서 영안이 열림을 감사했습니다. 코리텐 붐의 동생 베시는 나치 독일 수용소의 극한 상황 가운데 벼룩이 많아 더욱 고통스러웠지만 벼룩 때문에 감사했더니 독일 군인의 감방 출입이 드물어지게 됨을 코리텐 붐이 깨달아 「숨은 장소」(Hiding Place)라는 수용소 체험기를 쓰게 되었습니다. 감사하는 생활은 더 감사한 일을 깨닫게 하고 경험하게 하는 축복입니다.

　예수님처럼 작은 것을 가지고도, 실패 앞에서나 죽음 앞에서도 감사할 수 있는 아름다운 삶이 우리의 삶이 될 수 있기를 기도합니다.

장로의 선택

 장로에 해당되는 헬라어는 'πρεσβύτερος' (프레스뷰테로스)로 장로(Presbyter)의 어원이며 "더 손위의" "더 나이 먹은"이라는 뜻이며 이 헬라어가 지니고 있는 의미는 연령보다는 인품과 지혜로 인해 택함받은 자로서 70인역에서는 "다스리는 자" "지도자"를 묘사하기 위해 자주 사용된 것이었습니다.

구약에서의 이 장로직의 수행은 회중의 모든 문제를 처리하였습니다. 예컨대 재판관으로서 불효하는 자, 남을 중상 모략하는 자를 처벌하였고, 결혼 문제, 율법에 관한 문제 등을 재판하기도 했습니다. 즉 공동체를 다스렸고 공동체의 모든 문제를 처리하는 일이었습니다. 신약에서는 산헤드린의 구성원으로 피택된 장로의 직무는 교회의 모든 영적인 업무를 감찰하는 것이었습니다.

우리 교단의 헌법 정치 제4장 22조에서는 "장로에는 두 가지가 있으니 첫째는 설교와 치리를 겸한 자를 목사라 하고, 둘째는 치리만 하는 자를 장로라 한다"고 그 직무에 대한 정의가 명시되어 있습니다.

그리고 제6장 39조에는 장로의 직무가 명시되어 있는데 "장로는 교회의 택함을 받고 치리 회원이 되어 목사와 협력하여 행정과 권징을 관리하며, 교회의 신령상 관계를 살피며, 교인들이 교리를 오해하거나 도덕적으로 부패하지 않도록 권면하며 회개하지 않는 자가 있으면 당회에 보고한다"로 되어 있습니다.

그리고 40조는 장로의 자격으로서 "장로의 자격은 상당한 식견과

통솔의 능력이 있고 무흠 입교인으로 7년을 경과하고 40세 이상된 자로서 디모데전서 3:1-7에 해당한 자라야 한다"고 명시하고 있습니다. 그러면 디모데전서 3:1-7의 내용이 무엇입니까?

정리하면 다음과 같습니다.
① 선한 일을 사모하는 자
② 책망할 것이 없는 자
③ 한 아내의 남편이 되며 한 남편의 아내가 된 자
④ 절제할 줄 알고 근신하며 아담한 자
⑤ 나그네를 잘 대접할 줄 아는 자
⑥ 가르치기를 잘하는 자
⑦ 술을 즐기지 않고 구타하지 않는 자
⑧ 관용하면서 다투지 않는 자로서 돈을 사랑치 않는 자
⑨ 집을 잘 다스리는 자로서 믿음의 가정을 이룬 자
⑩ 세례받은 기간이 오래된 자(7년 이상)

저희 교회는 이와 같은 장로 10명을 선택합니다. 선택이란 우리 인생 여정에서 끊임없이 일어나는 일이지만 장로 선택은 전적으로 하나님의 인도하심을 입은 정직하고 거룩한 백성들을 통해서 하나님이 선택하시는 것입니다. 이 선택에 있어서 기도하는 가운데 성령의 인도함을 받으려 하지 않고 인간적인 방법이나 수단이 사용되는 슬픈 일은 없어야 할 것입니다.

마치 국회의원을 선택 할 때처럼 후보자들도 당선만 되고 나면 선택

해 준 사람들의 뜻을 저버리고 제멋대로 정치 행태를 연출하는 어처구니 없는 일처럼, 장로의 직무가 얼마나 거룩하고 두려운 것인가를 잊어버리고 경거망동하는 슬픈 일이 있어서는 안 될 것이며 선택하는 사람들도 역사에 부끄러움이 없는, 내가 선택한 사람이 하나님 앞에서 훌륭한 장로의 직을 수행할 수 있는 신앙과 인격과 지도력을 갖춘 사람이라는 확신으로 선택해야 할 것입니다. 주여! 인도하옵소서.

광주 5.18 묘역 앞에서

 광주 서림교회 창립 50주년 기념 부흥 성회를 인도하였습니다. 이 교회는 전남 광주 지방의 대표적인 전통 있는 교회로서 장동진 원로 목사님과 송재식 담임 목사님은 광주지방 뿐 아니라 교단 교회의 지난 세대를 이끌어 오신 분이며 이끌어 가시는 분이십니다.

교회의 모든 면에서 짜임새 있게 전통을 자랑하는 행정과 경영이 잘 맞물린 목회 현장을 볼 수 있어서 좋았습니다.

첫째 날 집회를 마치고 화요일에 광주 5.18 묘역을 찾았습니다. 입구에 들어서는 순간부터 가슴이 꽉 막히는 형언할 수 없는 감정을 느끼면서 이 나라 민주주의를 위해 군사 정권과 맞서서 싸우다가 산화해 간 호국 영령들의 외치는 소리가 귀에까지 들리는 듯했습니다. 중학생도, 고등학생도, 대학생도, 노동자도, 할아버지도 말없이 나라의 민주화를 위하여 군사 정권과 싸우다가 죽어 갔습니다. 더욱 가슴이 아픈 것은, 아직도 시신을 찾지 못하여 5.18 묘역에도 묻히지 못하고 죽어간 영정들을 바라볼 때 통곡하는 가족들의 울음소리가 저의 뼛속까지 파고들었습니다.

묘역을 돌아보면서 저는 제 자신도 모르게 양볼을 타고 흐르는 눈물을 감출 수 없었습니다. 그것은 단순히 그들의 죽음 때문이 아니라 이 나라 역사의 슬픈 현장을 다시금 볼 수 있었음과 그 역사의 수레바퀴가 정직하게 돌아가고 있다는 무서운 심판이라는 시간이 느껴졌기 때문입니다.

　5.18 묘역에 묻힌 영령들! 살았으면 지금은 벌써 30대가 되어 있을 당시의 고등학생, 대학생들의 눈동자에서 정의의 외침을 볼 수 있었고 그들의 얼룩진 핏자국에서 민주주의의 향기를 맛볼 수 있었습니다.

　그들이 그렇게 죽어 갔을 때 이 나라 정권의 중심부에서 노래했던 사람들이 지금은 법정에서 사형 선고를 받고 무기징역을 받고 그것이 억울하다 하여 항소하여 법정 투쟁이 계속되고 있습니다. 그 아이러니컬한 역사의 수레바퀴를 돌리는 것은 무엇입니까? 누가 이 역사를 섭리하고 있습니까?

　유난히 붉게 물든 단풍진 무등산 계곡을 한바퀴 돌면서 계절의 정도 (正道)를 새삼 깊이 생각했습니다. 낙엽이 지면 잎은 땅으로 떨어지고 비가 오면 빗물은 윗논에서 아랫논으로 흐르게 마련이듯 천리(天理)를 어느 누가 막을 수 있는가를 생각하면서 5.18 묘역을 내려왔습니다.

　그날 신문은 최규하 전 대통령의 강제 구인 기사로 넘쳐 있었습니다. "전직 대통령의 법정 증언은 바람직하지 않다"는 논리를 앞세워 법정 증언을 하지 않겠다는 소신은 광주 시민에게는 어처구니없는 고집으로 체감되었고 그렇게 강제 구인을 하여도 입을 열지 않겠다는 최규하 전 대통령을 향하여 함께 동행했던 광주 시민은 어금니를 물고 이렇게 혼잣소리로 되뇌었습니다.

　"전직 대통령이라고 법을 지키지 않고 강제 구인에도 입을 열지 않는다면 이 땅의 민초(民草)들은 과연 누구를 위해서 무슨 의미로 '법의 존엄성'을 우러러 보겠습니까?"

　돌아와 저녁 집회를 인도하기 전에 서림교회 K장로님은 지난날의 아픔의 한 토막 이야기를 들려 주시면서 눈을 지긋이 감고 눈시울을 붉혔습니다.

　"목사님! 그 때 총 칼을 피하여 교회로 몰려오는 청년들을 광주의 교회들은 문을 닫아 걸고 맞아들이지를 못했습니다. 뒷일이 시끄럽고 귀찮아질 것을 우려했기 때문입니다. 아모스의 정의를 외치면서 가르쳤던 교회는 정의를 외치는 젊은이들을 외면했던 것입니다."

　그럼 과연 우리는 어떠했었던가? 다시 생각해 봅니다.

어떻게 살아가십니까?

사람이란 누구나 나름대로 삶의 철학을 갖고 있습니다. 그것으로 자신의 인생을 기준삼고 평가하고 저울질하기도 합니다. 그러면서 우리는 오늘을 살아갑니다.

그러나 우리가 한 가지 분명하게 생각하지 않을 수 없는 것은 사람이란 또한 자기 혼자 살아가는 존재가 아니라는 사실입니다. 그럼에도 불구하고 모든 사람들은 이 삶의 법리(法理)를 상관치 않으면서 인생의 거래금(去來今)을 계수하려 합니다. 모든 불행은 거기서 시작되는 것입니다.

오늘을 살아가는 우리들이 무엇보다도 근본적인 삶의 질문 하나를 받는다면 "우리는 무엇을 위해, 어떻게 살 것인가?"입니다.

사람이 사람으로 태어나 사람답게 살아가는 길!

예기(禮記)에 나오는 '玉不琢 不成器 人不學 不知道' 즉, 구슬은 갈지 않으면 그릇이 될 수 없고 사람은 배우지 않으면 옳은 길을 갈 수 없다는 말처럼 그 길을 가기 위하여 우리는 학도(學道), 수도(修道), 구도(求道), 행도(行道)를 합니다.

신학적 인간론에서 인간을 Being(存在)이 아니고 Becoming(存在化)으로 정의합니다. 그것은 "되었다"가 아니고 "되어져 간다"는 의미입니다. 내가 무엇이 되었다고 생각하는 순간부터 인간은 모든 것이 내리막 길로 접어듭니다. 그러나 항상 되어져 간다는 의미를 자신의 삶의 자리에서 적용하는 지혜를 가진 사람은 날마다 모든 것이 좋아지는 것입니다. 이 진리를 터득한 에밀 꾸에는 「자기 암시에 의한 자기 지배」라는 세계적 명저를 쓰면서 "나는 날마다 모든 일이 점점 좋아지고 있다"고 역설했던 것입니다.

「용비어천가」의 첫머리에 나오는 "뿌리 깊은 나무는 바람에 흔들리지 않고, 샘이 깊은 물은 마르지 않는다"는 시구(詩句)도, 서산 대사가 갈파한 '不自屈 不自高也' 즉, 스스로 굽히지도 않고 스스로 높이지도 않는 삶을 살아갈 수 있는 것도 자신의 존재 의미를 되어져 가는 존재로 이해할 때 적용되어지는 것입니다.

저는 장자(莊子)가 말한 '視乎冥冥 聽乎無聲; 시호명명 청호무성'을 일상 생활과 목회 생활에 날마다 적용하면서 하루를 살아갑니다. 눈에 보이지 않는 것을 보고 소리 없는 소리를 듣는 것을 목회의 내면에 지니고 생활합니다.

보이는 것만을 보는 것은 누구나 볼 수 있습니다. 보이지 않는 것을 볼 수 있는 눈이 혜안(慧眼)이며 영안(靈眼)입니다. 그것은 마음의 눈으로 보는 것입니다.

들리는 것을 듣는 귀는 누구에게나 있습니다. 그러나 진리의 소리, 양심의 소리, 영혼의 소리, 지혜의 소리, 하나님의 소리는 소리없는 소리입니다. 이것은 마음의 귀가 열리지 않으면 들리지 않는 소리입니다. 이것을 들을 수 있는 마음이기를 기도하면서 하루를 살아갑니다.

그래서 때로는 새벽 기도를 마치고 바닷가에 서서 수평선을 바라보고, 때로는 산에 올라 바위에 무릎 꿇고 눈을 감으며, 때로는 산정에 올라 하늘을 바라보면서 視乎冥冥 聽乎無聲의 시간을 갖습니다.

그러나 가끔 자괴지심에 빠질 때가 있습니다. 세익스피어가 말한 대로 "끝이 좋아야 모든 것이 좋다"는 말이 어쩐지 목회자인 저에게 아픔으로 밀려올 때가 있기 때문입니다. 우리는 지금 어떻게 살아가고 있습니까?

"뒷 맛이 좋은 선한 삶을 살아야 하는데…."

미국 잠깐 다녀 왔습니다

 제가 저희 교회에 부임한 지 3년째가 되었을 때였습니다. 미국에 가기 전 주변을 돌아보니 지나온 걸음걸음마다 주님 사랑뿐이고 성도 여러분의 따뜻한 사랑만 보이는 세월임을 느꼈습니다. 아픔도 있었고 외로움도 있었지만 감사함이 더 많고 사랑함이 더 넘치는 날들이었습니다.

미국에 다녀온 이유가 그 동안 공부했던 The Institute of Evangelical Theology & Yuin University에서 신학 박사(Doctor of Philosophy in Theology) 학위를 받게 된 까닭이어서 더욱 눈물겨운 만학의 세월을 돌아보며 하나님의 도우심과 사랑이 더욱 가슴에 젖어듭니다. 단 한 주일이지만 성도들과 함께 예배드리지 못한 것이 안타깝고 그렇게 성도들이 보고 싶을 수가 없었습니다. 성도들이 제게 베푸신 사랑이 너무 크다는 뜻인 것 같습니다. 그 때를 회상하기만 하여도 목이 메여옵니다.

* 돌아보니 가슴 아픈 지난 날들이 더욱 사무쳐 옵니다.
* 말라붙은 젖을 물고 목이 쇠도록 울어대는 어린 것을 안고 이집 저집 다니면서 동냥젖을 저에게 먹여 주시면서 눈물짓던 어머님이 왜 이렇게 보고 싶은지….
* 굶기를 밥 먹듯 하면서 그래도 먹어야 산다는 생각에 칡뿌리를 캐 갈아먹던 고향의 뒷산, 학교 생활에서 줄곧 우등을 특허처럼 달고 다니면서도 850환이 없어 진학 원서를 쓸 수 없었기에 울다가 정신병자 되어 허물어졌던 슬픔의 나날들!

* 열다섯 나이에 논에 모내기를 하다가 친구들이 교복 입고 지나가는 것을 보고 논바닥에 주저앉아 학교 가고 싶다고 목놓아 울었던 아픔이 다시 가슴을 메게 합니다.

* 허기진 배를 채우기 위해 이집 저집 문전을 기웃거리면서 몇 달을 걸식했던 서러움, 그러면서도 항상 손에서 책을 놓지 않았던 세월이 있었습니다.

* 호롱불 아래서 공부를 해야 했고, 서점에서 영어 단어장 한 권 훔치다가 주인에게 들켜 뺨을 맞고 하룻밤 경찰서 유치장에서 추워 떨어야 했던 아픔이 되살아납니다.

* 국수 한 다발로 온갖 잡다한 나물을 넣어 삶아 하루 세 끼 나누어 먹으면서 구멍 뚫린 가슴을 치료할 약이 없어 새벽 하늘을 올려다보면서 솔잎에 맺힌 이슬이 약이라도 되게 해 달라고 기도하면서 혓바닥으로 이슬을 빨며 하염없이 울었던 날들이 생각납니다.

* 나이 30이 넘어서야 대학에 들어갈 수 있었고 오늘에 이르도록 너무도 외롭고 아프게 홀로 서기로 살아왔던 날들이 뼛속까지 아픈 추억으로 새겨집니다.

* 아무도 없는 것 같은 황량한 사막 한가운데 선 내 모습인 줄 알았는데 언제나 따뜻한 사랑의 손길이 곁에 있었음을 이제 다시 깨닫습니다.

새벽 이슬같이 보이지 않게 내려진 성도들의 따뜻한 사랑을 한아름 안고 살아왔습니다. 그리고 이제 더욱 여러분의 사랑받는 목사로, 주님의 칭찬 받는 종으로 더욱 視乎冥冥 聽乎無聲의 삶을 살면서 玉不琢不成器 人不學不知道의 진리를 깨달아 切磋琢磨의 목회를 하고자 합니다.

기러기와 기독교 신앙

초겨울이 깊어 가는 어느 날 웬지 마음이 허전하고 울적하여 산을 찾았습니다. 좋았다고 생각되어지는 것들이 돌아보면 좋지 않기도 하고, 좋지 않았다고 생각되었던 것들도 세월이 지나고 보면 유익했던 것으로 생각되는 날이 많아지는 것은 저도 이제는 나이가 들어간다는 것을 느끼게 합니다.

때로는 목사도 산다는 것에 대한 의미와 가치조차도 망각하고 스스로 마음의 기운을 잃어버릴 때가 있습니다. 그러나 그것이 오래가지 않아 나를 바라보시는 주님의 눈동자와 마주칠 때는 몽유병에서 깨어나듯 제정신을 차리고 다시 주님 앞에 무릎 꿇고 십자가의 길을 재촉합니다.

산마루에 올라 상념(想念)에 잠겨 먼 하늘을 올려다 보았을 때 깊어 가는 겨울 하늘을 나는 기러기 떼를 보았습니다. V자형의 대열을 지어 날아가는 장면은 아름다운 경치 이상의 교훈을 줍니다.

조류 학자들에 의하면 기러기를 통하여 다음과 같은 몇 가지 교훈적인 사실을 발견할 수 있다고 합니다.

첫째, 기러기는 혼자 나는 것보다 떼를 지어 날 때 71% 더 오래 날 수 있다는 것입니다. 혼자가 아닌 함께하는 힘이 강하다는 교훈입니다. "내가"라는 자기주의가 강할 때 그것은 어리석음이 되지만 "함께" 더불어 생각하고 살아가는 사람이 강한 힘을 발휘할 수 있는 것입니다.

둘째, 기러기는 V자형으로 날아갑니다. 그것은 공기 대(swath of

air)가 형성되어 뒤따르는 기러기들이 날기 쉽게 하기 위한 것이라고 합니다. 즉, 뒤에 있는 동료를 조금이라도 편히 날게 하기 위하여 V자를 만드는 것입니다. 물론 앞선 기러기는 빨리 지칩니다. 그래서 기러기들은 가끔 위치를 바꾼다는 것입니다. 이와 같은 협조 정신과 남을 생각하는 마음이 오늘 우리에게 얼마나 있습니까?

셋째, 기러기들은 날면서 계속 웁니다. 이것은 힘든 비명이 아니라 자기의 위치를 알리고 서로를 격려하는 나팔 소리 같은 것이라고 합니다. 힘겹게 먼 길을 날면서도 가족과 동료를 격려하는 기러기의 울음 소리를 우리는 배워야 합니다.

넷째, 만일의 경우 한 마리 기러기가 부상을 당하여 함께 여행을 계속하지 못할 경우 반드시 서너 마리의 동료가 이 낙오자와 더불어 머문다는 놀라운 사실입니다. 동료의 불행을 함께 짊어지는 아름다운 공동체 의식입니다.

미국에서 만난 존경하는 몇몇 목사님들과 이야기를 나누면서 아름다웠던 추억들을 회상하며 그날을 그리워하는 눈빛에서 제 모습을 재발견하기도 했고, 그처럼 넉넉함으로 돌아보아 주고 사랑해 주었던 브리스길라와 아굴라 같은 사람들의 이름들이 거명될 때마다 오늘의 제가 있게 되기까지 제 곁에 계셔서 기도하시면서 사랑해 주시는 분들을 다시금 생각할 수 있었습니다. 그러다가 아픈 추억에 그분들의 눈가에 이슬 맺혀지는 것을 보면서 내 가슴도 젖어 들었고 저는 세월이 흐른 후에 어떤 이야기를 남길 수 있을 것인가를 생각했습니다. 그러면서 기러기같이 살지도 못한다면 그것은 참으로 슬픈 인생이라고 생각을 했습니다. 우리는 오늘을 살아가면서 항상 먼저 "함께"를 생각하고, 상대방을 이해하고 아껴주는 넉넉한 마음을 가지고, 서로의 아픔을 격려하며 위로하면서, 서로의 짐을 나누어 지면서 살아가는 삶이어야 합니다. 사람이라면 누구에게나 인생의 겨울이 있지만 봄날 같은 따뜻한 마음으로 살아가는 지혜를 기러기에게서 배웁니다.

한 해를 접으면서

 신곡(神曲)의 저자 단테의 명언 가운데 "너의 길을 가라. 사람들로 하여금 제멋대로 떠들게 하여라"라는 말이 있습니다. 속된 표현을 쓰면 "개는 짖어도 기차는 간다"는 말처럼 산다는 것은 자기의 길을 가는 것입니다. 나는 나의 길을 가고 너는 너의 길을 가는 것이 인생입니다. 내가 너의 길을 갈 수 없고 네가 나의 길을 대신 걸어 줄 수 없는 것이 인생입니다.

올해도 한 해가 그렇게 마무리되어 갑니다. 우리 모두는 각자의 한 해를 살아왔습니다. 웃기도 하고 울기도 하고, 아파하기도 하고 위로받기도 하고, 속상하기도 하고 이해하기도 하면서 우리는 우리의 길을 걸어 또 한 해를 접습니다. 좋았다고 생각했는데 돌아보니 그렇지 못한 것도 많고, 실패였다고 생각되던 것들이 오히려 더 좋은 것이었음이 생각나는 일들도 많습니다. 그렇게 우리는 또 한 해를 접습니다.

세계적 베스트셀러가 된 일본의 미우라 아야꼬의 소설 「빙점(氷點)」을 읽고 보다 더 넓고 관용하고 이해하고 사랑하면서 살아야겠다고 결심했던 젊은 날이 있었는데, 또 한 해를 접으면서 돌아보니 비좁은 마음으로 이해하지 못하고 관용하지 못하고 용서하지 못하고 사랑하지 못한 날들이 많았음을 아파합니다.

빙점의 마지막 대목은 우리로 하여금 많은 생각을 하게 하는 것이었습니다. 주인공은 어느 날 우연히 자기가 사생아라는 사실을 알게 되어 충격을 받고 자기를 낳은 어머니를 도저히 용서할 수 없는 마음과 자기 자신의 출생에 비관하며 삶의 의욕을 잃고 끝내는 스스로 목숨을 끊으려고 어느 추운 겨울날 눈 덮인 언덕길을 오릅니다. 드디어 높은 언덕에 오른 주인공은 하얀 눈길 위에 남겨 놓은 자신이 걸어온 발자국을 한 번 바라보게 되는데 그 순간 놀라운 사실을 발견하게 됩니다. 분명히 자신은 똑바로 앞만 보고 걸어왔는데 자신이 걸어온 눈길의 발자국은 비뚤어지고 흐트러진 것이었습니다. 주인공은 이 일로 인하여 그 동안 용서할 수 없었던 어머니를 완전히 용서하게 된다는 이야기입니다.

그렇습니다. 스스로 옳다고 생각하고 걸어온 날들이 돌아보면 비뚤어진 생각이었음을 발견하게 됩니다. 의롭다고 생각했던 날들은 오히려 불의한 날들이었음도 발견하게 됩니다. 지금까지 내가 걸어온 지난 한 해의 삶의 발자국을 돌아보면 아쉬움과 뉘우침이 앞서는 것이 사실입니다. 교만과 시기와 질투와 게으름과 남을 비판하고 정죄하는 비뚤어지고 흐트러진 발자국을 남기면서도 우리는 마냥 자신이 걷는 인생길이 바르고 옳다고 생각하는 것입니다.

한 해를 접으면서 다시 생각을 합니다. 미국의 초대 대통령 워싱턴이 청년 시절부터 자치훈(自治訓) 10개 조를 만들고 이것을 엄수하면서 인격 연마에 힘썼던 것처럼 새해를 맞이해서는 보다 그리스도인답게 하나님의 말씀으로 훈련된 삶의 발자국을 남기고 싶습니다.
"성장이란 자기 결정 능력의 증대"라고 갈파했던 토인비의 말을 생각하면서 다가오는 한 해는 사랑하고 이해하고 관용하고 용서하면서 살아가는 그리스도인의 삶의 발자국을 남길 수 있는 성장하는 우리 모두이기를 기도합니다.

성결 서약식

새해가 밝았습니다. 우리는 다시 믿음과 소망과 사랑으로 새해를 맞이합니다. 솟아오르는 태양처럼 우리 모두의 마음에 하나님의 은혜와 사랑의 빛으로 충만하기를 기도합니다.

"첫 단추를 잘못 끼우면 마지막 단추를 끼울 구멍이 없다"는 괴테의 말은 새해를 맞을 때마다 생각나는 명언입니다. 그만큼 시작이 중요하고 무슨 일이든 순서가 있다는 깊은 의미가 있는 말입니다. 그래서 '一生之計在於幼, 一年之計在於春, 一日之計在於晨'이라 했는데 즉, 일생의 계획은 어려서 세우고, 일년의 계획은 봄에 세우고, 하루의 계획은 아침에 세운다는 말처럼 무슨 일이든 계획이 있고 그 계획을 따라 살아가는 것이 인생을 아름답게 행보(行步)하는 것입니다.

저희 교회는 올해를 '지역사회와 함께하는 교회'라는 표어와 함께 출발하게 되었습니다. 그러기 위해서는 우리는 먼저 그리스도인의 삶을 실천하는 것을 우선으로 실천 목표를 정하였습니다. 이를 실천하고자 하는 결단으로 우리는 그리스도인으로서의 성결한 삶을 살아갈 것을 결단하는 "성결 서약식"을 갖게 되었습니다. 신앙 생활의 성결한 삶을 실천하고자 하는 우리들의 마음을 하나님이 아시고 도우시리라 확신합니다.

초대 교회가 지역 사회 사람들에게 칭송을 받으며, 구원 얻는 사람의 수가 더해져 간 사실은 현대 교회가 본받아야 할 성서적 교훈입니다. 그리고 그것이 곧 저희 교회가 선행해야 할 21세기를 맞는 중요한

과제의 하나라고 생각합니다. 교회 창립 50주년의 희년을 맞으면서 지나온 세대를 돌아보며 기념하는 희년이 아니라 다가오는 세대를 꿈꾸며(vision) 그 세대를 이끄는 교회가 되기 위하여 우리는 그리스도인의 삶을 실천하는 것이 중요한 일이라고 생각되기 때문입니다. 그것은 곧 성결한 그리스도인의 삶을 살아가는 것입니다.

주일을 성수하지 못했으면 이제는 주일을 성수해야 합니다. 십일조를 드리지 못했으면 십일조를 드릴 수 있어야 합니다. 미워하고 시기하며 원망하고 불평했다면 이제는 사랑하고 칭찬하며 감사하고 관용하는 삶을 살아야 합니다. 하나님이 주신 거룩한 직분을 받았다면 직분에 맞는 거룩된 삶을, 아름다운 삶을, 그리스도인다운 삶을 살아야 합니다. 물론 말할 것 없이 육체적 성결도 지켜야 합니다. 질서를 지키며 사회에서 빛과 소금으로서의 사명을 감당할 수 있는 삶이 되어야 합니다.

거룩한 성결 서약식에 동참하는 사람들의 삶이 그렇게 성결하게 실천될 때 우리는 빛으로 어두운 세상을 밝힐 것이고, 소금으로 썩어 가는 사회를 정화할 것입니다. 이 역사적 사명을 저희 교회가 선도해 가자는 것입니다. 그것이 21세기를 이끄는 교회의 모습이며 예수님이 말씀하시는 '에클레시아' 입니다.

루소가 말한 것처럼 바람직한 인간은 철학자처럼 사색(思索)하고 농부처럼 일하는 사람입니다. 전체를 보고 미래를 보고 근본을 생각할 수 있는 그리스도인이 미래를 열어 가는 선견(先見)과 선지(先知)의 지도자가 되는 것입니다.

생각만 하고 일하지 않는 것도, 생각하지 않고 일만 하는 것도 바람직한 삶은 아닙니다. 기독교적인 표현을 한다면 말씀 듣기만 좋아하고 실천하지 않는 신앙인과 말씀은 뒤로하고 활동만 하는, 그래서 아름다움이 조화되지 못하는 신앙인이 되어서는 안 되는 것입니다.

이제 우리 모두가 성결 서약식을 통하여 보다 거룩한 하나님의 백성으로서의 삶이 실천되기를 기원합니다. 주여! 절제와 인내와 사랑의 힘을 더하옵소서. (아멘)

파도소리를 들으며!

한 해를 시작한 어느 날, 새벽 기도회를 마치고 홀로 바닷가에 섰습니다.

해변가, 여느 때보다 파도가 높았고 바람이 세차게 불었습니다. 멀리 수평선을 바라보지만 눈앞에 밀려오는 것은 어두움뿐입니다. 옷깃을 파고드는 싸늘한 바람에 몸이 떨리고 어느 새 눈에는 눈물이 고입니다. 양볼을 타고 흐르는 눈물이 얼음처럼 차다는 느낌이 더욱 마음을 베는 듯하여 아픔이 됩니다.

이 세상에
그 누구도
나를
책임져 줄 수 없다는 외로움이
나의 온 영혼을 휩쓸기 때문입니다.

도시 불빛에 어렴풋이 보이는 해변의 모래사장을 걷습니다.
오늘따라 심한 파도 소리를 들으며 젖은 눈으로 해변을 걷습니다.
저 깊은 바닷속은 바다 위를 휘몰아치는 파도와는 상관없이 고요를 지킬 것인데 해변가 얕은 물은 미풍에도 동요가 심합니다. 그러면서 내 마음을 저 얕은 바닷가 물결과 비교해 봅니다.
왜 저 깊은 바닷속 고요를 지킬 수 있는 마음이 될 수 없는가?

빨리 아침이 왔으면 좋겠다는 생각을 했습니다.

찬바람도 싫고, 어둠 속에서 들려 오는 파도 소리도 싫었습니다.
내가 밟고 있는 모래를 보고 싶었습니다.
흰 거품을 뿜어 내며 자기 몸을 으깨는 파도를 보고 싶었습니다.
온 누리를 뒤덮는 빛을 보고 싶었습니다.
그러면서 바닷가를 거닐었습니다.

동녘이 밝아 오는 시간에 눈가에 얼어붙은 눈물을 닦으며 다시 바다를 보았습니다.
자기 자신이 원하지 않았는데, 이런 저런 것들을 선택하지 않았는데 바다는 용케도 자신의 품속에 모든 것을 다 품고 있음을 보았습니다. 좋은 것이든 나쁜 것이든 바다는 모든 것을 다 포용하고 품고 있었습니다. 그러면서 말이 없습니다. 자기 품안에 안긴 모든 것들이 제멋대로 움직일 때 바다는 소리 없이 스스로의 마음을 흰 거품으로 토해 낼 뿐이었습니다. 아! 저것이 바다의 아픔이로구나.
눈물이 흐릅니다.
저를 책임져 줄 아무도 없다는 슬픔의 눈물이 아니라 바다를 보고 제 자신의 옹졸함과 나약함을 슬퍼하는 눈물이었습니다. 그리고 위를 바라보았을 때 동녘을 밝히는 빛으로 하늘이 뒤덮이고 거기에 사랑하는 주님이 계셔서 언제나 저를 지켜보고 계셨음을 깨닫고 감사해서 다시 눈물을 흘렸습니다. 제 눈물을 보시고 저를 홀로 두지 않으실 나의 주님이시기에 저는 또 울었습니다.
파도 소리를 들으며…!

사랑의 씨앗

 그 옛날 "사랑은 눈물의 씨앗"이라는 유행가가 불리어졌습니다. 그 노래를 들으면서 세속적 노래에 심취되어 사랑을 그렇게 이해해야 했던 사람들의 삶의 자리는 행복하기보다는 불행했을 것이란 생각을 해 봅니다.

그러나 성경은 사랑에 대하여 더 이상의 언어로 표현할 수 없는 최고의 단어로 가르치고 있습니다. 허다한 죄를 덮는 것이 사랑입니다. 바울을 통하여 주님은 고린도교회에 보내는 편지 가운데 사랑의 극찬을 가르치셨습니다.

"사람의 방언도 천사의 말도 사랑이 없으면 구리 소리, 꽹과리 소리가 되고,

예언의 능력과 산을 옮길 만한 믿음이 있어도 사랑이 없으면 아무 것도 아니고,

모든 것으로 구제하고 몸을 내주는 희생도 사랑이 없으면 아무 유익이 없다.

사랑은 오래 참는다. 온유하고, 투기하지 않는다.

사랑은 자랑하지 않고, 교만하지 않고 무례하게 행치 않는다.

자기의 유익을 구하지 않고, 성내지 않고, 악한 것을 생각지 않는다.

사랑은 불의를 기뻐하지 않고 진리와 함께 기뻐한다.

사랑은 모든 것을 참는다. 모든 것을 믿는다.

모든 것을 바라고, 견딘다."

하나님이 말씀하신 사랑은 눈물의 씨앗이 아니라 허다한 죄를 덮는 최고의 가치입니다. 이 사랑을 일상 생활에서 실천하는 삶이 바로 그

리스도인의 삶입니다.

언젠가 편지 한 통을 받았습니다. 장로회 신학 대학원 졸업반으로 목사고시 준비를 하고 있는 K전도사님의 편지였습니다. 그 내용을 소개하고 싶습니다.

"목사님! 2년 전 등록금 문제로 목사님을 찾아갔을 때 50만 원을 건네 주시면서 등록금 전액을 주지 못해 미안하다고 마치 빚진 자가 채권자 앞에 하듯 그렇게 하시면서 기도해 주시고 현관까지 나오셔서 등록금 전액을 도와주시지 못하신 것이 마치 무슨 죄라도 지은 듯 하시던 모습이 아직도 눈에 선합니다. 그 때 목사님의 사랑은 저의 신학 생활에 엄청난 힘이 되었고 하나님이 기뻐하시는 목사로 자랄 수 있는 새로운 결단을 하게 하셨습니다. 이제 졸업반이 되었습니다. 목사님의 기대에 어긋나지 않는 후배가 되겠습니다. 아니 제자로 삼아 주시면 평생의 목회 은사로 모시고 싶습니다. 그 사랑 정말 감사합니다."

윈스턴 처칠이 어렸을 때 별장에서 방학을 보내던 중 강물에 빠졌습니다. 별장 정원사 아들이 이를 발견하고 강에 뛰어들어 익사 직전의 처칠의 목숨을 건졌습니다. 부호였던 처칠의 아버지는 사례의 뜻으로 정원사 아들의 학비를 대기로 했고 청년은 의과대학까지 마쳤습니다. 세월이 흘러 처칠이 수상으로 재직 중 이란에 여행 갔을 때 급성 폐렴에 걸렸습니다. 국왕이 친히 전문의를 소개하였는데 그 전문의가 바로 소년 처칠을 강물에서 건져 준 플레밍(Fleming) 박사였습니다. 사랑의 씨앗이 이처럼 엄청난 열매를 거두게 되었습니다.

　해마다 어려운 신학생을 돕기로 한 K장로님은 올해도 100만 원을 맡겨 오셨습니다. L집사님이 베푸신 사랑의 씨앗은 여러 곳에서 싹이 나서 자라고 있음을 봅니다. 대가를 생각지 않으면서 기도로 물질로 마음으로 심어 가는 사랑의 씨앗이 보다 더 많이 고난받는 현장에 뿌려지기에 황량한 삶의 사막 같은 곳곳에 축복과 행복의 열매가 열려지는 것입니다.

미움과 살인

 영국인은 한때 천연두를 '프랑스 천연두'(French Pox)라 부르고 프랑스인은 '영국 천연두'(English Pox)라 불러서 서로의 증오심을 병명으로 대결했었습니다.

체코인은 술 미치광이를 "화란 놈처럼 마신다"고 표현했고 화란인은 "체코 놈처럼 마신다"고 표현합니다.

징그러운 벌레 '카크 로오치'를 헝가리와 오스트리아에서는 "폴란드 놈"이라 부르고 폴란드인은 "프러시안"(Prussian)이라 부르며 독일인은 "프랑스 놈"이라고 부릅니다. 민족간의 증오를 벌레 이름으로 대치한 예입니다.

한국인이 사용해 온 외국인에 대한 혐오의 표현은 "양코" "깜둥이" "되놈" "쪽발이" 등으로 이 또한 다른 민족에 대한 혐오를 나타내는 표현입니다.

사람은 너나없이 상대방이 잘 되면 마음이 구겨지고 상대방이 잘못되면 이상하게도 쾌감을 갖는 것은, 인간은 본질적으로 진노의 자식이 되어 있기 때문 아닙니까? 더 나아가 그리스도인은 예수 그리스도 안에서 선한 일을 위하여 지으심을 받은 자인데(엡 2:3, 10), 예수 믿는 성도들조차 상대방의 좋은 일을 축복하지 못한다면 정말 그리스도인인가를 생각해 봅니다.

이웃의 아픔이 나에게 얼마나 유익이 되며, 이웃의 고통이 나에게 얼마나 위로가 되며, 이웃의 가난이 나에게 무슨 덕이 되며, 이웃의 실패가 나에게 얼마나 축복이 되겠습니까?
　결코 자신에게 좋을 것이 없으련만 사람들은 이웃의 아픔이 자신에게 있어서 무슨 큰 유익이나 되는 듯한 마음으로 오늘을 살아갑니다.

　1990. 6. 20일, 미국 미네소타 주 세인트 폴(St. Paul)에서 무서운 사건이 일어났었습니다. 백인 동네에 흑인이 이사를 왔는데 흑인을 몹시도 미워하던 백인 청년이 밤중에 이사 온 흑인의 집 뒤뜰에 큰 십자가를 들여놓고 불을 질렀던 사건이었습니다.
　십자가에 불을 지르는 것은 '큐 클럭스 클랜'(Ku Klux Klan/KKK단)이 흑인과 유태인을 미워하며 그들을 박멸하자는 상징적인 표현으로 누구나 다 알고 있는 것입니다. 이날 밤 집 주인 존스 씨 내외와 아이들은 공포 속에서 밤을 지새워야 했습니다.

　우리는 LA폭동 사건을 아직 잊지 않고 있습니다. 마음속에 품고 있던 질투, 불만, 미움이 어떤 계기가 되어 과격한 행위로 표출된 사건이었습니다. 종족간의 미움, 형제간의 미움, 이념과 사상으로부터의 갈등으로 지구촌은 어느 한 순간도 평화가 없습니다. 모두가 서로를 죽이고 죽는 사단의 역사가 지배합니다.
　우리는 예수님의 말씀에 귀를 기울여야 합니다.
　"그 형제를 미워하는 자마다 살인하는 자니 살인하는 자마다 영생이 그 속에 거하지 아니하는 것을 너희가 아는 바라"(요일 3:15)

우리는 자기와의 싸움에서 이기는 힘을 길러야 합니다. 거짓된 자기, 질투하는 자기, 나태한 자기, 미움으로 불타는 자기와의 싸움에서 이겨야 합니다.

도스토예프스키가 "신과 악마가 싸우고 있다. 그리고 그 전쟁터야말로 인간의 마음이다"라고 갈파한 것처럼 참된 나와 거짓된 나, 이상아(理想我)와 현실아(現實我)의 모순과 갈등 속에서 고민하고 방황하는 것이 우리의 현실입니다.

빅토르 위고의 작품 「레미제라블」에서처럼 선한 자아와 악한 자아의 치열한 싸움에서 마침내 선한 자아가 악한 자아를 이기는 감동적인 승리를 우리는 우리의 삶에서 경험할 수 있어야 합니다. 그래서 플라톤도 "인간 최고의 승리는 내가 나를 이기는 것"이라고 했습니다.

찾는 자만이 얻는다

「런던 타임스」가 가장 행복한 사람에 대한 정의를 공모한 내용이 소개되었는데 1위부터 4위를 차지한 행복의 정의가 우리로 하여금 다시 생각을 하게 하는 것이었습니다. 제1위는 "모래성을 막 완성한 어린아이"였으며 2위는 "아기의 목욕을 다 시키고 난 어머니"였으며, 3위는 "세밀한 공예품 장을 다 짜고 휘파람을 부는 목공"이었고, 4위는 "어려운 수술을 성공적으로 끝내고 막 한 생명을 구한 의사"였다고 하는 것입니다.

상위에 뽑힌 이 정의들에 의하면 백만장자나 영국의 황제, 높은 귀족도 들어 있지 않았습니다. 정치가나 혹은 인기있는 직업에 속해 있는 사람들도 빠져 있었습니다. 대체로 사람들이 생각하는 행복이란 가장 보람있다고 생각하는 어떤 일을 완성했을 때 느끼게 되는 것임을 다시금 깨우쳐 주는 내용이었습니다.

그렇습니다. 행복이란 찾는 자만의 것입니다. 아무리 모든 조건을 다 갖추었다 할지라도 거기서 행복을 찾지 못하는 사람은 불행할 뿐입니다. 어떤 어려운 상황에서도 감사의 내용을 발견하고 행복의 조건을 찾을 수 있다면 그곳은 행복으로 충만한 곳이 됩니다.

우리가 교회 생활을 하면서 더욱 그것을 경험할 수 있습니다. 아무리 좋은 것도 내 마음에 좋지 않게 생각되면 그것은 기쁨일 수 없습니다. 설교도 찬양도 기도도 모든 교회 생활의 내용들도 내 마음의 기준에 따라서 아름답게 보여질 수 있고 밉살스럽게 보여질 수 있습니다. 이와 같은 것은 직장에서나 사회에서나 가정에서나 어디서든 마찬가

지입니다. 그래서 다윗은 "내 마음에 정직한 영을 새롭게 하소서"라고 기도했습니다. 마음이 깨끗지 않으면 보여지는 모든 것이 깨끗하게 보일 수 없기 때문입니다.

독일의 우화가 있습니다.
임금이 한 신하에게 "이 나라의 잡초 종류를 되도록 많이 수집해 오너라"라고 명령하였고, 또 다른 신하에게는 "되도록 많은 종류의 꽃을 수집해 오라"라고 명령을 하였습니다. 1년 후 두 신하가 돌아와서 임금에게 보고를 하게 되었습니다. 잡초 수집을 맡은 신하는 "임금님, 잡초가 그렇게 많은 줄은 몰랐습니다. 우리 나라는 온통 잡초로 덮여 있습니다"라고 했습니다. 꽃 수집을 맡은 신하는 "임금님, 우리 나라는 전체가 꽃동산입니다"라고 보고를 하였습니다.

보는 안목에 따라 같은 나라가 다르게 보이는 것이었습니다. 굼뱅이를 찾는 자에게는 굼뱅이만 보이고 나비를 찾는 자에게는 수많은 나비가 보입니다.
그렇습니다. 실망하기를 잘하는 사람은 흔히 자기의 속을 봅니다.
인생의 싸움에서 패배하는 자는 흔히 뒤를 보는 사람입니다.
자기의 삶을 살지 않고 남만 따라 다니는 자는 흔히 사방을 두리번거립니다.
일을 완성하지 않고 도중 하차하는 사람은 흔히 한치 앞만 봅니다.
늘 자신감이 없는 사람은 무엇을 자세히 보지 않고 대강 보고는 겁부터 냅니다.

　좌절과 절망을 자주하는 사람은 아예 보려고도 하지 않습니다.

　남의 허물이 잘 보이는 사람은 자신의 허물이 그만큼 많은 사람입니다.

　타인의 실수를 그냥 넘기지 못하는 사람은 건설적인 면이 없습니다.

　찾는 자만이 얻습니다.

　그러나 아름답고 행복하고 감사한 것을 찾을 수 있는 삶이어야 하는데 우리는 비뚤어지고 불행하고 원망스러운 것들을 찾는 데서 불행해집니다. 우리는 오늘을 살아가면서 무엇을 찾습니까? 우리는 행복과 감사함을 찾는 삶이어야 합니다.

변하는 것, 변하지 않는 것

 지혜롭지 못한 곰 이야기가 있습니다.
남극에 사는 순박한 백곰이 어느 날 시베리아에 있는 호전적이고 당돌한 흑곰의 방문을 받았습니다. 저녁 식사 후에 시베리아 곰이 남극 백곰에게 말했습니다.

"남극은 이 지구상에서 가장 추운 지방이 아닙니까? 이런 곳에서는 햇볕을 다 흡수하여 따뜻하게 해 주는 검정 털이어야 하는데 남극 곰님의 털은 이게 뭡니까? 하얀 백색이니 이 추운 지방에서 더욱 춥겠습니다."

유식한 척, 거만하게 그리고 딱하다는 듯 흑곰이 말했습니다. 순박하여 미련하게 생긴 남극 곰은 흰털을 갖고 있다는 것이 부끄럽다는 듯이 두 눈을 껌벅거리면서 작은 소리로 이렇게 말했습니다.

"태어날 때부터 이런 털을 갖고 태어났으니 어쩌겠습니까?"

"남극 곰님도 참 딱하십니다. 변화가 없는 자는 발전하지 못한다고 합니다. 검정 물을 들이면 되지 않습니까?"

그래서 남극 곰은 자기의 아름다운 흰털을 검정색으로 염색을 하고 나니 북극곰처럼 참 따뜻하고 좋았습니다. 검정색으로 염색을 한 얼마 후에 총소리가 나면서 사냥꾼이 남극 곰을 향해 달려오고 있었습니다. 남극 곰은 평소처럼 잽싸게 하얀 눈과 얼음 사이에 숨었습니다. 그러나 이미 검정색으로 물들여진 남극 곰이 자기는 얼음과 흰 눈 사이에 숨었다고 생각했지만 이미 자신의 몸은 흰눈과 얼음 사이에 검정색으로 드러나 있었고 결국 남극 곰은 사냥꾼에게 잡히는 불행을 당하고 말았습니다.

사단은 종종 우리들에게 예수 그리스도로 말미암아 입은 흰옷을 세속적인 검은 옷으로 다시 염색하라고 종용할 때가 있습니다. 자기 자신이 예수 그리스도로 말미암아 살아가는 것이 최고의 축복인줄 모르고 세속적인 색깔로 물들이면 좋을 것 같아 우리들의 삶을 세속적으로 물들이지만 결국은 사냥꾼에게 잡히게 된 백곰처럼 우리의 삶을 사단이 얽어매어 버리고 맙니다. 변치 않는 믿음으로 살아야 하는 것이 예수를 믿는 성도의 삶입니다.

오늘을 살아가면서 우리는 참 많은 변화를 시도합니다. 디자인이 변하고, 새 물건, 새 바람이 부는 세상입니다. 텔레비전에 나오는 여인들의 헤어스타일은 70년대로 돌아가고, 여인들의 치마 길이도 짧아지고 길어지고, 남자들의 넥타이도 넓어지고 좁아지고 그렇게 우리들의 세상살이는 여러 모양으로 변합니다.

그렇게 세상 모든 것들이 변해 가지만 변하지 않는 것이 있다면 무엇일까요?

오직 예수 그리스도 뿐입니다. 히브리서 13:8에서 "예수 그리스도는 어제나 오늘이나 영원토록 동일하시니라"고 불변하시는 예수님의 사랑과 은혜를 말하고 있습니다. 이와 함께 성경에서 변하지 않는 한 가지를 소금으로 나타내고 있습니다. 강산이 변하고 세상이 변해도 그리스도인은 예수와 함께 세상의 소금으로서 변하지 않아야 하는데 요즈음 사람들의 마음이 왜 그리도 쉽게 변하는지….

사랑한다고 고백을 하고 돌아서서 미워하고, 믿는다고 확신을 주고 돌아서서 불신하는 마음들! 좋을 때는 모든 것이 아름답다고 극찬을 하다가도 조금만 싫어지면 모든 것이 나쁜 것으로 보여지고 느껴지는 사람들! 예수를 믿는 성도들은 온 세상이 다 변해도 변함 없으신 주님과 함께 유행따라 세상따라 변하지 말아야 하는데 모두가 가룟 유다처럼 변해 가는 것 같으니 주님은 지금 얼마나 슬퍼하실까 다시금 생각해 보면서 우리는 믿음과 소망과 사랑이 충만하여 변치 않는 아름다운 그리스도인의 삶을 살아갈 수 있기를 기도합니다.

증삼살인 (曾參殺人)

 옛말에 "여러 사람의 말은 쇠도 녹인다"는 말이 있습니다. 옳은 일이라 해도 여러 사람이 한 가지로 "옳지 않다"고 주장하면 옳지 않은 일로 생각되어지는 것을 말합니다.

공자(孔子)의 제자 중에 증삼(曾參)이라는 자가 있었습니다. 그는 제자들 중에서 나이가 가장 어렸지만 부모에 대한 효심은 극진하여 그 효(孝)가 세상에 널리 알려진 인물이었습니다. 그런데 어느 날 "증삼이 사람을 죽였다"라는 소문이 나돌았습니다. 그렇게 훌륭한 인물이 사람을 살해할 까닭이 없는데도 그렇게 소문은 점점 더 나돌았습니다. 사실인즉 공교롭게도 이름이 같은 사람이 살인한 것을 "증삼이 사람을 죽였다"고 소문을 낸 사람이 있었고, 그 소문은 계속 입에서 입으로 전해지면서 나돌았습니다. 드디어 그 소문이 증삼의 어머니 귀에까지 들리게 되었습니다. 그러나 증삼의 효심을 너무나도 잘 알고 있는 어머니는 그런 말을 절대 믿지 않았습니다. 누가 뭐라 해도 증삼은 사람을 죽일 일을 하지 않을 아들임을 누구보다도 어머니는 확신하고 있었습니다. 그래서 어떤 사람이 증삼의 어머니에게 그 소문을 처음 들려주었을 때 증삼의 어머니는 "내 자식이 그럴 리가 없다"며 짜던 베틀을 여전히 짜 나갔습니다.

다시 두 번째로 어떤 사람이 증삼의 어머니에게 와서 "증삼이 사람을 죽였다"는 소문을 들려 주었습니다. 그 때도 어머니는 그의 아들을 믿는 마음에 조금의 움직임이 없었습니다. 얼마 후에 다른 사람이 세 번째로 "증삼이 사람을 죽였다"는 소문을 어머니에게 들려 주었을 때 그렇게도 흔들림이 없던 마음이 조금씩 불안하여져서 결국은 베를 짜던 베틀의 북을 던져 버리고 울타리를 넘어 달려나갔다고 합니다.

결국 아들의 무고(無故)함을 철석같이 믿던 어머니도 세 번씩이나 같은 말을 들었을 때는 현혹되지 않을 수 없었던 것입니다. 이로부터 억울하게 소문의 회오리 바람에 몰려 휘청거리는 상황이 전개될 때 쓰는 "曾參殺人"(증삼이 사람을 죽이다)이라는 고사성어(古事成語)가 생겼습니다.

야고보는 사람이 살아가면서 말에 실수가 없으면 온전한 사람이라고 가르쳤습니다(약 3:2). 그러나 사람이란 이상하게 남의 좋은 이야기는 하기 싫어하고 좋지 않은 이야기를 하기 좋아합니다. 말이란 좋은 말이든 나쁜 말이든 그것이 결국 자기에게로 돌아오는 것인데 사람들은 스스로 화를 불러 들이는 말을 많이 하고 말로 말미암아 상대방도 자기 자신도 무너지는 슬픈 일들이 많습니다.

후한(後漢)의 대학자인 최원(崔瑗)은 인생의 금언이 되는 말을 쇠붙이에 새기고 그것을 책상의 오른쪽에 놓고 매일 바라보면서 생활의 길잡이와 행동의 거울로 삼았습니다. 이것이 좌우명(座右銘)의 시초입니다. 최원이 만든 좌우명은 모두 100자로 된 명문(名文)입니다. 그 가운데 이런 말이 있습니다.

'無道人之短, 無說己之長, 施人愼勿念, 受施愼勿忘; 무도인지단, 무설기지장, 시인신물념, 수시신물망'

"남의 단점을 말하지 말라. 나의 장점을 말하지 말라. 남에게 베푼 것을 기억하지 말라. 남의 베풂을 받으면 잊어버리지 말라"는 뜻입니다.

  그렇습니다. 차가운 마음을 가진 사람은 항상 그 하는 말이 다른 사람을 싸늘하게 하지만 따뜻한 마음을 가진 사람은 따뜻한 말과 미소와 표정과 태도로 '春風接人 和氣滿面; 춘풍접인 화기만면', 즉 봄바람처럼 훈훈한 마음으로 사람을 접하고, 얼굴에는 화평한 기분이 넘쳐 흐르는 생활이 됩니다.

정치와 바둑

 저는 바둑을 참 즐겼었습니다. 목회를 하다 보니 바둑을 두지 않은 것이 벌써 20여 년이 되었습니다. 어릴 때, 집에서 버리는 사발을 깨어 돌에 문질러 백돌을 만들고, 맥주병을 주워서 깨어 돌에 문질러 갈아 흑돌을 만들어 종이 위에 바둑판을 그려서 바둑을 배웠습니다. 처음 배울 때는 화점마다 덤을 두었는데 한 점 한 점 덤을 줄여가는 재미는 이루 말할 수 없는 기쁨이고 쾌감이었습니다. 그렇게 배운 실력이 아마추어 4급까지 두었으니 가히 당시에는 바둑에 미쳤다고 해도 과언이 아니었습니다.

한국 바둑계를 아는 사람의 머리에는 조남철 씨, 서봉수 씨, 조훈현 씨를 생각하게 되고 근자에 이르러 서능욱 씨, 천재 기사 이창호 씨를 생각하게 됩니다. 그 가운데 서봉수 씨는 순수한 독학 기사(棋士)로서 바둑의 입신(入神)이라 할 수 있는 9단에 이른 노력형이며 한국형 기사입니다. 서봉수 하면 명인(名人)이 떠오를 정도로 그는 영원한 명인(名人)으로 오늘에 이르고, '진로배 세계 바둑 최강전'에서 8연승을 올린 바둑 칼럼니스트 이광구 씨는 서 9단의 승승장구의 평을 "마음을 비운 결과"라고 평을 했었습니다.

마음을 비운다는 말은 정치권에서 자주 해 온, 그리고 우리가 자주 듣는 용어입니다. 내노라 하는 정치인들이 마음을 비운다는 말을 자주 해 왔습니다. 진정한 지도자는 어느 분야이든 마음을 비우는 데서 지도력이 창출될 수 있습니다.

그런데 요즈음 정치인들의 행태를 보면 왜들 저러는가 하는 생각을 할 때가 많습니다. 일찍부터 3김 씨를 두고 정치 9단이라고들 말했습니다. 좋은 뜻으로 받아들이면 더없이 귀한 용어이지만, 요즈음 그분들의 언행을 보면 너무 가혹한 표현인지 모르지만 바둑을 두는 사람에 비해 한 수 앞도 보지 못하는 연수생 같다는 생각까지 듭니다.

김영삼 대통령의 국면 전환을 위한 돌파력, 다시 말하면 승부사적인 기질과, 김대중 씨의 투사적 경력과 논리적 능력, 김종필 씨의 탁월한 기획력과 현실 적응력이 어디에 갔는지 보이지를 않습니다. 소위 정치 9단들의 대리전 같은 각당 대변인들의 저질 공방을 통해 나타난 요즈음 정치 9단들의 생각과 행동이 국가와 민족의 장래보다는 개인적 정권욕에, 마음을 비운 것이 아니라 아욕(我慾)으로 가득찬 현실을 보는 것같아 정치 9단이 아니라 정치 초단도 안 되는 듯한 생각이 들어 서글픈 마음이 가시지를 않습니다.

예컨대 세계의 지각변동을 일으킬 정도의 소위 핵폭탄급 뉴스가 된 북한의 황장엽 씨의 망명 사건을 접하면서 온 국민은 70노인의 건강과 무사한 망명을 기대하는 데 반해 소위 나라를 책임진 사람들, 정치권에서 나온 대변인들의 성명을 보면 그렇지 않습니다. 저 사람들이 한국 사람인가 하는 의구심을 갖게 하는, 황장엽 씨의 망명을 어떻게 하면 상대편을 잘 공격할 수 있을까에 대한 궁리로 밖에는 이해할 수 없는 성명이 발표되는 것을 봅니다.

수년 전 한·일 교회 역사 연구를 위해 일본에 머물렀을 때 일본의 정당과 언론은 각자의 이해관계로 존재하면서도 국가적 일에는 하나로 뭉쳐 국가와 국민의 이익을 위해 한 목소리를 내는 것을 보고 오늘의 일본이 예사롭게, 저절로 세계를 선도하는 것은 아니었구나 하는 생각을 했었습니다. 반면 작금의 우리 정치인들의 행태를 보면 이 나라의 장래가 아직은 광명한 빛을 보기는 어렵겠구나 하는 자괴지심에 빠진 것은 비단 내 마음뿐이 아닐 것입니다.

 이런 모습들 앞에 저는 목사로서 또다시 한 번 마음을 비우는 결단을 해 봅니다. 결국 바둑과 정치와 목회는 같은 맥락에서 이해될 수 있는 공통분모가 있기 때문입니다. 꼼수를 두는 목회를 하지 않기를 노력하면서 제가 목회 9단이 되기를 하나님 앞에서 간절히 기도합니다.

무엇을 의지하는가?

 80세의 석가(釋迦)가 사랑하는 제자 아난(阿難)에게 남긴 마지막 설법 가운데 두 가지가 생각납니다.

첫째는 '生者必滅 會者定離; 생자필멸 회자정리' 로서 "살아있는 자는 반드시 죽고, 만나는 사람은 반드시 헤어져야 한다"는 뜻입니다.

둘째는 '自燈明 法燈明 自歸依 法歸依; 자등명 법등명 자귀의 법귀의' 로서 "자신을 등불로 삼고, 법(진리)을 등불로 삼으라. 자신을 의지하고 진리를 의지하라"는 뜻입니다.

불교는 부처의 가르침인 동시에 부처가 될 수 있다는 가르침입니다. 부처가 되는 것을 성불(成佛)이라 하고 누구나 대오각성(大悟覺醒)하여 부처가 될 수 있다는 것이 법화경(法華經)의 일체성불(一切成佛) 사상입니다. 그래서 불교는 자력신앙(自力信仰)을 역설합니다.

그러나 우리가 살아가면서 이것이야말로 얼마나 잘못된 사상이며 가르침인가를 깨닫게 되고 경험하게 됩니다. 이런 점에서 기독교는 불교와 그 근본을 달리합니다. 기독교는 자력 종교가 아닌 타력신앙(他力信仰)을 강조합니다. 즉, 내가 내 힘으로 나를 구원할 수 없을 뿐 아니라 내가 나를 의지할 수 없습니다. 인간은 원죄(original sin)를 가진 존재로서 구원을 받으려면 성육신(Incarnation)하신 죄 없으신 하나님의 아들 예수 그리스도를 믿음으로만 가능함을 역설합니다.

엊그제 사랑하는 친구를 만났습니다. 슬픔이 가득하고 고뇌스러운 얼굴 표정을 보면서 저는 속으로 신음 소리를 삼키며 그의 이야기를 들었습니다. 내 귀에 들려 오는 친구의 음성은 모든 것을 잃어버린, 모든 것을 포기한 기력조차 없는 듯 떨리는 음성이었습니다. 절박한 상황에서 이젠 어떻게 해야 할지 갈피를 잡지 못한 길 잃은 한 마리 양을 보는 것 같은 안쓰러움으로 저는 그의 손을 꼭 잡고 이야기를 들었습니다. 조용조용 이야기를 하면서 더 이상 스스로를 견뎌 낼 수 없는 듯 천장을 올려다보면서 하염없이 눈물을 흘리는 친구는 자신도 모르게 정신병자처럼 중얼거렸습니다. "그렇게 믿고 의지했었는데…."

내용인즉, P목사는 자신의 모든 것을 숨김없이 드러내어 사랑하고 아끼며 목회를 했었는데 가장 신뢰했던 사람들로부터 참으로 계수할 수 없는 아픔과 숱한 고뇌스러운 일들을 당해야 했고 결국에는 그들로 말미암아 억울함을 당하여 목회 임지를 옮겨야 하는 상황으로 처절하게 스스로 무너지고 있었던 것입니다.

제가 그에게 들려준 말은 "예수님이 그처럼 사랑했던 제자 유다에게 배신을 당한 것은 오늘을 살아가는 우리들의 목회 현장을 미리 거울로 보여 주신 것임을 깨닫고 그것을 이상히 여기지 말고 수용하라"는 한 마디뿐이었습니다. 그러나 솔직한 내 양심의 고백이지만 "그건 아니야, 정말 그건 아니야"를 되뇌었습니다. 왜냐하면 하나님이 우리들에게 주신 은혜와 축복은 서로를 의지하고 서로를 사랑하며 서로를 이해하고 서로를 돕는 가운데서 창출되는 것이며, 이것이 진정한 그리스도인의 삶임을 주님은 가르치셨기 때문입니다.

그런데 오늘을 살아가는 그리스도인들의 삶에서조차 왜 감사와 기쁨으로 충만하지 못하고 번뇌와 갈등과 아픔으로 넘실거립니까? 그것은 탐진치(貪瞋痴)의 결과입니다. 탐진치는 삼독(三毒), 삼혹(三惑)에서 생깁니다. 탐(貪)은 탐욕이며, 진(瞋)은 노여움이요 분노이며, 치(痴)는 무명(無明)이요, 우치(愚痴)요, 어리석은 짓을 하는 것입니다. 무명(無明)이 무엇입니까? 사물의 올바른 도리를 알지 못하는 까닭입니다.

보다 지혜로운 삶은 그리스도안에서만 가능합니다. 오늘 우리는 그리스도 안에 있습니까? 그리스도 밖에 없습니까? 다시 한번 생각해 봅시다.

드레퓌스와 졸라, 그리고 이영수 사장

프랑스 역사상 가장 큰 사건 중의 하나가 드레퓌스(Dreyfus) 사건이었습니다.

1894년 유대인 사관(士官) 드레퓌스는 스파이 혐의로 독일 군법회의에 회부되어 종신형을 받았습니다. 그러나 실제로 드레퓌스는 스파이가 아니었습니다. 그 후에 군부는 이것이 옳지 못한 체포요 판결이었음을 발견하게 되었지만 군부에 쏟아지는 비난이 두려워 그냥 덮어두기로 하였습니다. 그리고 드레퓌스는 악마의 섬이라 불리는 곳으로 유배되어 죄도 없이 온갖 고통을 받고 죽을 지경에까지 이르게 되었습니다. 그런데 드레퓌스와 친한 작가 에밀 졸라(프랑스 자연주의파 소설가)는 드레퓌스가 억울하게 복역하고 있다는 사실을 알게 되었고, 군부를 탄핵하는 공개장을 발표하는 등 드레퓌스의 억울함을 풀기 위해 수년간 피나는 노력을 했습니다.

이로 인해 졸라는 지위와 명성을 잃게 되었고 결국 추방까지 당하는 고통을 맛보았으나 결국 졸라의 투쟁이 승리하여 1899년 드레퓌스는 대통령 특사를 받고 1906년 무죄로 선고받아 석방되었습니다. 그러나 드레퓌스가 돌아온 후 얼마 되지 않아 졸라는 죽었습니다. 장례식에 참여하려는 드레퓌스에게 친구들은 죽을지도 모르는 위험이 있음을 알리면서 만류했지만 드레퓌스는 다음과 같은 말을 했습니다.

"어떤 위험이 따르더라도 상관치 않고 나는 졸라의 장례식에 참여할 것이다. 내 가슴 깊이 자리잡고 있는 이 감사의 마음을 그 누구도 막지 못할 것이다."

얼마전 언론에 보도되어 신선한 충격을 준 광고 사건이 있었습니다. 재이손(財李孫)산업 주식회사 대표 이영수 사장의 검찰에 대한 공개적인 고발 광고였습니다. 국민들은 오랜만에 막혔던 가슴이 탁 터진 기분이라고 두셋만 모여도 화제가 되었습니다. 광고가 나가자 전화, 팩스가 쏟아졌다고 하니 그 광고는 개인의 광고를 넘어 민심의 표출이라고 언론은 보도했습니다. 그런가 하면 광고가 나가자마자 관할 관청 동두천시에서는 재이손산업 주식회사가 10년 동안 사용해 오고 있는 자재 창고가 불법 건축물이기 때문에 철거하고 원상 회복을 하라는 계고장이 발부되었습니다. 언론은 그렇다면 동두천시 관할구역 내에 불법 건축물을 이번 기회에 모두 철거할 것인지를 지켜보겠다고 했고, 이 나라 국민이라면 당연히 언론 보도에 긍정적으로 함께 동의하고 있습니다.

이영수 씨가 고용주인 국민으로서 오늘의 시국의 불의와 부정과 부패를 척결하지 못하고 오히려 '마피아의 총'으로서 부패를 은폐하고 옹호한 오늘의 검찰의 행태를 지적하면서 "법무장관, 검찰 총장 및 검찰 수뇌와 다수의 검사들을 해고한다"라고 쓴 광고 내용을 읽으면서 저는 그리스도인의 한 사람으로서 아니 기독교 지도자의 한 사람으로서 제 모습이 너무도 작게 느껴졌습니다.

이영수 씨가 게재한 광고의 마지막 부분을 읽으면서 가슴이 젖어 듭니다.

"외롭고 쓸쓸한 이 싸움에서 나는 지금 위험한 제의를 하고 있는 줄을 잘 알고 있다. 모진 고문에 살점이 찢어지고 피를 흘리며 뼈가 으스러져 피투성이 된 채 죽어 갈지라도 내가 살고 또 우리 후손들이 수천 년을 두고 살아갈 이 땅에서 부정부패 비리가 끝이 난다면 하나뿐인 이 귀한 목숨일지라도 내 어찌 주저하겠는가? 우린 모두 다시 태어날 각오가 절실하지 않은가?"

그리고 내 자신부터 새롭게 결단을 하면서 우리 모두는 이렇게 동의를 합니다.

"그것은 외롭고 쓸쓸한 싸움이 아니라 당당하고 용기있는 싸움으로서 불의와 어두움을 이 땅에서 몰아내고 '오직 공법을 물같이 정의를 하수같이 흘릴지라' 는 하나님의 말씀을 실천하는 진리의 외침이며 정의의 행동입니다."

마음을 지키라

 인간은 누구에게나 욕망(慾望)이 있습니다. 이 욕망은 기(氣)에서 발동하는데 산다는 것은 여러 가지 욕망을 실현하기 위한 부단한 노력으로 정의합니다. 이 욕망은 결핍 의식이며 부족 의식입니다. 영어에서 말하는 want는 두 가지 뜻을 지니고 있는데 첫째는 부족하다는 뜻이고, 둘째는 필요와 욕망을 의미합니다. 역설(逆說)하면 충족 상태에서는 욕망이 발동하지 않는다는 것입니다.

인간의 욕망은 식욕(食慾), 성욕(性慾), 물욕(物慾)으로 대별하는데 물욕은 다시 6욕(六慾)으로 구분합니다. 즉, 재물욕, 명예욕, 권력욕, 지식욕, 향락욕, 창조욕입니다.

이 욕망은 마음에서 관리됩니다. 욕망이 있다는 것은 마음이 살아 있다는 것이기도 하고 욕망이 지나치면 마음 관리가 잘못되고 있다는 것이기도 합니다.

그래서 공자는 '哀莫大於心死; 애막대어심사'를 갈파했는데 곧 "슬픔 중에 마음이 죽는 것처럼 슬픈 일이 없다"는 뜻입니다. 마음이 죽으면 모든 것이 죽는다는 말입니다. 그래서 욕망은 인생의 기관차요 역사의 견인차요 사회의 추진력이요 문명의 촉진제라고 표현을 하기도 합니다.

그러나 더 중요한 것은 욕망의 관리입니다. 옳게 관리하지 못하면 실패와 파멸과 좌절감과 불행을 갖게 하기 때문입니다. 여기서 허욕(虛慾), 과욕(過慾), 탐욕(貪慾), 수욕(獸慾), 음욕(淫慾), 사욕(私

慾)으로 전락하는 것입니다.

　마음을 관리하지 못해서, 말에 실수가 있어서 다른 사람의 마음에 상처를 주는 경우도 있고, 마음 관리를 제대로 하지 못해서 아름다운 삶을 한꺼번에 송두리째 뒤집어 어둠의 삶으로 전락되는 경우도 많습니다. 마음 관리가 잘못되어 후회스러운 일들을 행하고 스스로 아파하는 경우도 많습니다. 그래서 잠언 4:23에서는 마음 관리에 대하여 교훈하고 있습니다.

　"무릇 지킬 만한 것보다 더욱 네 마음을 지키라 생명의 근원이 이에서 남이니라"

　그리고 성경은 마음에 대하여 여러 가지로 교훈하는 말씀들이 많습니다. 악한 마음으로서 굳은 마음(엡 4:18), 미련한 마음(롬 1:21), 투기하는 마음(겔 36:5), 완고하고 교만한 마음(사 14:13)이 있는가 하면 선하고 거듭난 마음으로 정결한 마음(시 51:10), 회개하는 마음(시 51:7-8), 부드럽고(왕하 22:19), 순종하며(롬 6:16), 하나님의 뜻을 아는 마음(엡 6:6)이 있습니다.

　오늘의 정치, 경제, 사회 상황이 앞이 보이지 않는 어두움으로 불확실의 상황이라 하는데 이럴 때일수록 우리는 더욱 마음을 지키는 지혜가 있어야 합니다. 역사가 어두울 때일수록 가능하면 말을 적게 하는 지혜가 필요합니다. 시국이 불안하고 답답할 때는 할 수 있는 대로 우리는 기도하는 마음을 가져야 합니다.

　미국 켄사스 주 엠포리아 마을에서 목회하던 존 존스목사님이 죽었을 때 장례 행렬이 3마일(4.8km)에 달하는 군중이 모여 사상 최대의 장례식이 되었습니다. 장례식을 집례했던 화이트 목사님이 하관하기 전에 존스 목사님의 시신을 가리키며 "여러분 이 작은 노인의 몸이 이제 어떻게 보입니까?"라고 물었을 때 여기 저기서 "I love him"(나는 그를 사랑합니다)이라고 대답했습니다. 화이트 목사님은 하관 예배 설교를 이렇게 마무리했습니다.

"존 존스 목사님은 일생을 돈으로 말하지 않았습니다. 친절한 말과 봉사하는 생활로 어린이로부터 노인에 이르기까지 아낌없는 사랑을 주는 마음으로 말하는 일생이었습니다."
오늘 우리는 어떤 마음으로 말하는 삶을 살아가고 있습니까?

아픔은 나눌수록 작아지는데

'강의목눌근인(剛毅木訥近仁)'이란 말이 있습니다. 「논어(論語)」 자로편(子路篇)에 나오는 말입니다. 즉, 인(仁)은 강의목눌(剛毅木訥)이란 말입니다.

강(剛)은 굳세고 강직한 것으로 특히 물욕(物慾)에 굴종하지 않는 것입니다.

의(毅)는 과단성, 즉 옳다고 믿으면 그것을 행하는 용기입니다.

목(木)은 나무 목자이면서 질박(質朴)할 목자로 꾸밈과 가식이 없다는 뜻입니다.

눌(訥)은 말이 적은 것입니다. 즉, 말보다 행동을 앞세우는 것입니다.

이와 같은 삶을 살아가는 사람이 곧 인(仁)의 사람입니다. 인은 유교의 정신이며 공자의 사상입니다.

불교에서는 사무량심(四無量心)을 강조합니다. 네 가지 한량없는 마음입니다.

자무량심(慈無量心), 비무량심(悲無量心), 희무량심(喜無量心), 사무량심(捨無量心)으로서 무량(無量)은 한량없이 많다는 말입니다.

자(慈)는 사랑하는 것이며, 비(悲)는 동정하는 것이며, 희(喜)는 타인의 행복을 기뻐하는 것이며, 사(捨)는 최고의 사랑의 행동입니다. 그래서 불교는 보시(布施)를 가르치고 실천합니다. 보시(布施)에는 법시(法施), 재시(財施), 무외시(無畏施)가 있습니다. 자비는 불교의 정신이며 석가의 사상입니다.

기독교에서는 사랑을 강조합니다. 모세의 율법은 모두 613개인데 그 중 365가지는 하지 말라는 것이며, 248가지는 하라는 것입니다. 그 중에 사랑이 최고의 율법입니다. 기독교의 사랑은 하나님 사랑, 이웃 사랑, 원수 사랑입니다. 유교의 인(仁)과 불교의 자비(慈悲)는 모두 기독교 사랑의 다른 표현입니다.

저는 언제나 사랑을 표현할 때 "너의 유익을 위한 행동하는 나의 삶"으로 정의했습니다. 예수님의 생애가 그렇고 모든 위대한 사람들의 삶의 내용이 그렇습니다. 그리고 궁극적으로 우리가 살아가는 삶의 내용과 목적이 그것입니다.

그런데 지난 주간 저는 참으로 아픈, 너무도 아픈 이야기를 듣고 고통했습니다.
파출부로 수고하시는 성도님이 사랑하는 아이의 학교 등록금 문제로 고민을 하다가 교회의 여러 사람에게 해결 방법을 상의했지만 그 어느 누구도 이 여인의 아픔을 나누어 가진 사람이 없었다는 것입니다. 어쩔 수 없이 오랜 세월 동안 집안 일을 돌보아 주었던 사랑을 되돌아보면서 파출부로 나가는 주인 어른에게 등록금 100여 만 원을 4개월 간 파출부 임금으로 상환하겠다고 하면서 차용을 부탁했지만 거절당해야 했고 이런 저런 사정 끝에 제게 부탁을 해 보라는 이야기를 듣고 왔다는 것이었습니다.
눈물겨운 이야기를 들으면서 저는 누구를 정죄할 수도 없고 비판할 자격도 없지만 그 성도님이 파출부로 나가는 주인집 어른이 교회의 항존직분자라는 이야기를 들으면서 전율해야 했습니다. 그냥 달라는 것도 아닌 빌려 달라는 것인데 거절당해야 했던 그분은 그 교회를 떠나야 했고, 아직은 목구멍이 포도청이라 그 집에 파출부로 나가야 하지만 교회 직분자의 이중적인 생활에 더 이상 마음의 죄를 지을 수 없어 막노동이라도 해야 될 것 같다고 하면서 천정을 올려다보는 그의 눈에서 하염없이 흘러내린 눈물은 아직도 제 가슴을 적시고 있습니다.

사랑은 나눌수록 커지고 아픔은 나눌수록 작아지는데…. 오늘 넉넉함을 노래할지라도 언젠가 자신에게도 아픔이 올 수 있는 것이 인생인데…. 사람들은 죽는 날까지 자기에게는 고난의 물결이 오지 않는다고 보장이라도 받은 듯 살아갑니다. 자신은 어렵게 생활하면서도 선한 일에 사용해 달라고 L집사님이 맡겨 온 귀한 돈을 건네 주면서 제가 남긴 말은 한 마디뿐이었습니다.

"하나님은 지금도 우리의 모든 사정을 아시고 도우십니다."

인생은 지우개가 없습니다

펴낸일 • 2007년 3월 10일 3쇄발행
지은이 • 서 임 중
펴낸이 • 김 수 곤
펴낸곳 • 도서출판 선교횃불
등록일 • 1999년 9월 21일/제54호
등록주소 • 서울시 송파구 삼전동 103번지

총 판 • 선 교 횃 불
　　　　전　화 : 02)2203-2739
　　　　팩　스 : 02)2203-2738
　　　　홈페이지 : www.ccm2u.com

• 파본은 교환해 드립니다.
• 이 출판물은 저작권법에 의해 보호를 받는 저작물
　이므로 무단전재와 무단복제를 금합니다.